全国教育科学"十三五"规划课题研究成果（课题编号：BJA180096）

# 现代学徒制运行机制的国际比较与中国路径优化研究

贾文胜　著

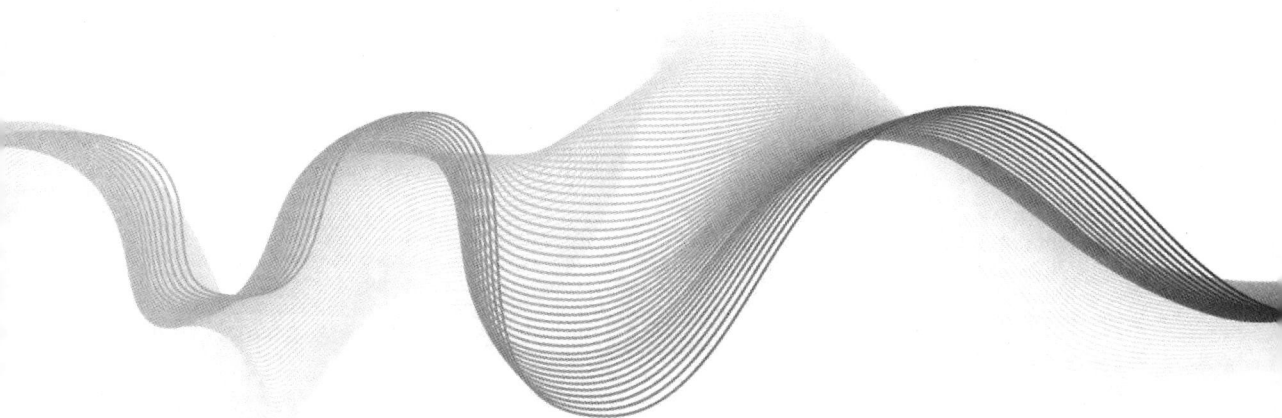

西安电子科技大学出版社

## 内 容 简 介

本书包括理论篇、国际比较篇和中国路径篇三个部分，基于现代系统理论、社会构建理论、交易成本理论等学科视角对现代学徒制的运行机制进行了内涵解读，构建了以合作起源—达成合作—进行合作—目标实现为基本逻辑的现代学徒制运行机制的结构，并且运用这些理论解决了现代学徒制运行机制中的相关问题，为构建现代学徒制的运行机制提供理论基础。

本书选取英国、德国、澳大利亚、美国四个典型的西方发达国家，对现代学徒制的运行机制进行国际比较研究，从利益驱动机制、协调沟通机制、课程开发与实现机制和质量保障机制四个维度，分别论述这四个典型国家现代学徒制的运行机制，并对其进行比较研究，期望从中能够得到借鉴与启发。通过对我国现代学徒制试点地区、试点院校和试点行业企业典型案例研究，分析现代学徒制运行机制存在的主要问题，提出我国现代学徒制优化路径与对策建议。

本书主要适合教育行政管理部门有关人员，全国一千多所高职院校的行政管理人员、教职员工，以及从事现代学徒制教育教学及相关理论研究的研究人员参考。

**图书在版编目(CIP)数据**

现代学徒制运行机制的国际比较与中国路径优化研究 / 贾文胜著．--西安：西安电子科技大学出版社，2024.3

ISBN 978-7-5606-7132-1

Ⅰ. ①现…　Ⅱ. ①贾…　Ⅲ. ①职业教育—学徒—教育制度—对比研究—世界　Ⅳ. ①G719.1

中国国家版本馆 CIP 数据核字(2024)第 032849 号

| | |
|---|---|
| 策　　划 | 陈　婷 |
| 责任编辑 | 陈　婷 |
| 出版发行 | 西安电子科技大学出版社(西安市太白南路 2 号) |
| 电　　话 | (029) 88202421　88201467　　邮　编　710071 |
| 网　　址 | www.xduph.com　　　电子邮箱　xdupfxb001@163.com |
| 经　　销 | 新华书店 |
| 印刷单位 | 陕西天意印务有限责任公司 |
| 版　　次 | 2024 年 3 月第 1 版　2024 年 3 月第 1 次印刷 |
| 开　　本 | 787 毫米×960 毫米　1/16　印张 8.5 |
| 字　　数 | 167 千字 |
| 定　　价 | 30.00 元 |

ISBN　978-7-5606-7132-1 / G

XDUP 7434001-1

***如有印装问题可调换***

# 前　言

第三次科技革命以来，随着生产力的发展和科技的进步，工业化和数字化大规模生产对员工的技术水平及企业的管理方式提出了新的要求。西方发达国家纷纷开始探索如何建设高水平技术技能人才队伍，以英国、德国、澳大利亚、美国等为代表的有关国家在传统学徒制的基础上，结合现代学校教育模式，逐步演变出不同模式的现代学徒制。与西方发达国家相比，我国探索的现代学徒制在政策制度体系等方面还有较大差距。因此，我们需要从本国国情出发，构建合适的现代学徒政策制度体系，并在学校、行业企业和区域(地市)等多个维度构建现代学徒制试点。

2014年教育部颁布《关于开展现代学徒制试点工作的意见》，2015年我国遴选确定了165家首批现代学徒制试点单位。2019年5月，教育部进一步提出要全面推进现代学徒制工作，明确指出"全面推广政府引导、行业参与、社会支持、企业和职业学校双主体育人的中国特色现代学徒制"。学徒制正从试点走向全面推广，这标志着我国现代学徒制已经启动了制度化的建构。

在这样的政策背景下，全国各地职业院校都纷纷开展现代学徒制的试点工作，但现代学徒制的中国化实践还有诸多理论问题，如现代学徒制与过往开展的校企合作有何本质不同？我国当前的制度环境能否支持高职院校现代学徒制的运行？各利益相关者能否在现代学徒制实施过程中实现利益均衡？如何在借鉴西方现代学徒制的基本经验基础上探索具有中国特色的高职院校现代学徒制运行机制？这些问题都亟待通过理论研究进行回答。而本书针对上述问题提供了解答，进而为高职院校现代学徒制运行机制的构建提供方案。

本书的撰写还基于另一点，即在以此方案为基础的多年试点探索实践后，也有必要对现代学徒制试点过程存在的问题与经验进行深入调研与总结，从而客观评价我国现代学徒制试点的成果与不足，找到制约现代学徒制全面实施的问题症结，为现代学徒制进一步推广提供政策支撑依据。

希冀本书的出版能够进一步提升我国现代学徒制试点的建设质量，为推动我国现代学徒制发展提供理论范式、实践路径以及本土经验，为新时代我国职业教育的高质量发展作出应有的贡献。

著　者
2023 年 4 月

# 目　录

# 第一篇　理论篇

　　本篇在研究现代学徒制起源、何为现代学徒制、现代学徒制运行机制内涵等概念基础上，运用现代系统理论、社会建构理论、交易成本理论等理论方法，探索分析现代学徒制利益驱动机制、协调沟通机制、课程开发与实现机制以及质量保障机制。

# 第一章

# 绪　论

## 第一节　现代学徒制起源

如果以学徒制形态的变化为依据，可将学徒制的演变轨迹分为前学徒制(约史前至 11 世纪)、手工业行会学徒制(约 11 至 15 世纪)、国家干预行会学徒制(约 16 至 18 世纪)、集体商议的工业学徒制(约 19 至 20 世纪中叶)、现代学徒制(20 世纪中叶至今)等五个阶段。[①]一次世界大战之后，世界经济形态仍然延续工业化生产的步伐，但随着生产力的发展和科技的进步，工厂生产对员工的技术要求及企业的管理方式都在发生新变化。因此，英国、美国、加拿大以及澳大利亚等西方发达国家开始改造创新原有的学徒制，逐步演变为现代学徒制。"现代学徒制"作为最早的官方用词，出现在 1993 年英国政府的"现代学徒制计划"中。从 2004 年开始，英国在新一轮的学徒制项目中，已用"新学徒制"替代了"现代学徒制"。一般来讲，把第二次世界大战以后出现的以德国双元制为典型的、适应现代经济与社会要求、以校企合作为基础的、纳入国家人力资源开发战略的学徒制形态统称为"现代学徒制"。[②]我国现代学徒制与西方发达国家相比，在政策制度体系等方面还有很大差距。我国试图构建适合本国国情需要的中国特色现代学徒政策制度体系，从学校、企业和市级等维度构建现代学徒制试点。

2014 年教育部颁布《关于开展现代学徒制试点工作的意见》指出："实施学徒制对我国现代职业教育具有重要的战略意义，现代学徒制可以推进行业、企业全面参与职业教育人才培养，提高人才培养的质量和针对性"。[③]2014 年 9 月，教育部印发《关于开展现代学

---

① 关晶. 西方学徒制研究：兼论对我国职业教育的借鉴[D]. 上海：华东师范大学，2010：64.

② 关晶. 西方学徒制研究：兼论对我国职业教育的借鉴[D]. 上海：华东师范大学，2010：33.

③ 国务院. 国务院关于加快发展现代职业教育的决定[EB/OL]. http://www.scio.gov.cn/ztk/xwfb/2014/gxbjhzyjyggyfzqkxwfbh/xgbd31088/Document/1373573/1373573_1.htm.

徒制试点工作的意见》(教职成〔2014〕9 号)，进一步强调开展现代学徒制对我国进一步加快发展现代职业教育的重要战略意义，即现代学徒制可以推进行业、企业全面参与职业教育人才培养，实现"五个对接"，从而针对性地提高人才培养的质量。①2015 年我国正式拉开现代学徒制的序幕，并遴选确定 165 家首批现代学徒制试点单位，发展至今已经分批布局 700 多个，并在 2018 年对第一批现代学徒制试点进行验收。现代学徒制作为一种校企深度合作的育人模式，取得了十分显著的成效。2019 年 5 月，教育部又提出要全面推进现代学徒制工作，明确指出"全面推广政府引导、行业参与、社会支持、企业和职业学校双主体育人的中国特色现代学徒制"。学徒制从试点走向全面推广，这标志着现代学徒制正式从试点走向了制度化建构。因此，在多年试点探索实践后，有必要对现代学徒制试点过程存在的问题与经验进行深入调查与总结，从而客观评价我国现代学徒制试点运行的现状，找到制约现代学徒制全面实施的问题症结，为现代学徒制有效实施提供政策支撑。

在这样的政策背景下，全国各地职业院校都纷纷开展现代学徒制的试点工作，但现代学徒制的中国化实践还有许多理论问题，如现代学徒制与过往开展的校企合作有何本质不同？现代学徒制是否仅仅是一种不同于传统校企合作的新的人才培养模式？我国当前的制度环境能否支持高职院校现代学徒制的运行？各利益相关者能否在现代学徒制实施过程中实现利益均衡？如何在借鉴西方现代学徒制的基本经验基础上探索具有中国特色的高职院校现代学徒制运行机制？这些问题都亟待通过理论研究进行回答，而本书正是为了能够破解上述问题，进而为高职院校现代学徒制运行机制的构建指明方向所开展的研究之成果。

## 第二节　何谓现代学徒制

在对现代学徒制运行机制概念进行阐述分析之前，首先有必要对其内涵进行阐述分析。了解现代学徒制概念的内涵是开展其运行机制研究的基本前提，也是界定本研究范围的关键。关于现代学徒制的概念内涵，国内外不同学科背景的学者的观点各不相同。伦敦经济学院经济学家 Hilary Steedman "根据企业与学校在合作过程中的积极性与主导地位的不同将当前西方国家的'现代学徒制'分为了两种主要类型：一种是需求引导型，即高企业合作与低学校整合；一种是供给引导型，即低企业合作与高等学校整合。"②在此基础上，又

---

① 教育部. 教育部关于开展现代学徒制试点工作的意见[EB/OL]. http://www.moe.edu.cn/publicfiles/business/htmlfiles/moe/s7055/201409/174583.html.

有学者根据上述分类结果，将更多国家的学徒制纳入上述分析框架之下，并据此分为北欧系统(Northern European Systems)和盎格鲁撒克逊系统(Anglo-Saxon Systems)。北欧系统的国家主要是以德国"双元制"为代表的一类国家，如丹麦、奥地利、瑞士等。这些国家一般具有较好的学徒制历史传承，企业普遍具有较高的热情投入其中，各利益相关者能够达成较好的合作机制。盎格鲁撒克逊系统的国家以英国、美国为典型代表，学徒制主要以项目的形式开展，并没有上升为一种国家制度，企业培训一般遵循"自主自发"的原则，仅通过相关政策鼓励企业提供学徒岗位。这些国家往往更重视普通教育，而职业教育的地位相对不高。

相较于国外以国家现代学徒制实践中的结构功能为阐述依据，国内学者对现代学徒制概念内涵的研究主要依据其对国外学徒制实践经验和相关文献的思辨分析。如赵志群认为，相较于传统学徒制，现代学徒制具有学徒对象范围广、相关利益群体多、规范化运作机制要求高等特点。[1]其在对西方国家现代学徒制特征进行归纳总结基础上，进一步指出："所谓'现代学徒制'，是将传统学徒培训方式与现代学校教育相结合的一种学校与企业合作式的职业教育制度，是对传统学校制的发展。"[2]这一概念明确指出了现代学徒制参与的两个主体，即学校和企业，而且现代学徒制不仅仅是企业的用工制度，更是一种职业教育制度，这无疑表明了这一制度构建的"跨界"属性特征。除此以外，其他学者针对这一问题，也进行了较为详细的梳理分析，如赵鹏飞认为，现代学徒制是一种新型的职业人才培养形式，是将传统学徒培训与现代学校教育思想结合的一种企业与学校合作的职业教育制度。[3]在以上研究基础上，为进一步深入解读现代学徒制的内涵，有学者对二战后西方各国现代学徒制改革的基本经验和基本特征进行了总结，如关晶、石伟平认为，以德国为代表的西方国家现代学徒制的典型特征主要包括五个方面：国家战略层面的制度管理，多元参与的利益相关者机制，以企业为主、工学结合的人才培养模式，以学徒为主的双重身份和统一规范的教育培训标准等。[4]而且，基于当前我国现代职业教育发展的大背景，以及西方各国对于其学徒制改革的新措施与新理念，关晶进一步指出了现代学徒制的"现代性"特征。她认为现代学徒制的"现代性"主要体现为五个方面：一是功能目的的变化，从重生产到重教育；二是教育性质的变化，从狭隘到广泛；三是制度规范的变化，从行会上

② Hilary Steedman. Apprenticeship in Europe: Fading or Flourishing[R]. London: Centre for Economic Performance, 2005(12).

① 赵志群，陈俊兰. 我国职业教育学徒制：历史、现状与展望[J]. 中国职业技术教育. 2013(18)：9-13.

② 赵志群. 职业教育的工学结合与现代学徒制[J]. 职教论坛. 2009(36)：1.

③ 赵鹏飞，陈秀虎. "现代学徒制"的实践与思考[J]. 中国职业技术教育. 2013(12)：38-44.

④ 关晶，石伟平. 西方现代学徒制的特征及启示[J]. 职业技术教育. 2011(31)：77-83.

升到国家；四是利益相关者机制的变化，从简单到复杂；五是教学组织形式的变化，从非结构化到结构化。[①]基于以上分析，可以明确现代学徒制的基本内涵，即现代学徒制作为一种具有跨界特征的校企合作制度，以实现技术技能型人才的培养为目标，是将企业与学校紧密合作、合理分工，协同开展人才培养的一系列对各相关主体进行激励、约束和规范的制度。

# 第三节　现代学徒制运行机制的内涵分析

## 一、现代学徒制运行机制

按照《辞海》的解释，"机制"指机器的总体构造和工作原理。如果把"机制"引申到不同的学科领域，就会形成不同话语内涵，如引申到生物学科领域，就形成生物机制。生物学和医学经常运用这一词汇来分析一些现象(如光合作用、肌肉收缩)背后的原因。"机制"一词在这里的主要内涵是指有机体内发生生理或病理变化时，各器官之间相互联系、作用和调节的方式。因此，"机制"这一词的内涵实质其实就是所欲考察的主体内部各要素或不同主体之间的相互作用关系。而所谓的"运行机制"是指"在人类社会有规律的运动中，影响这种运动的各因素的结构、功能及其相互关系，以及这些因素产生影响、发挥功能的作用过程和作用原理及其运行方式"。[②]通过对运行机制内涵的深入分析，如若要考察某一自然或社会现象的运行机制，首先必须明确运行过程中的主体为谁，其次则考察各主体在运行过程中所发挥的主要功能及其之间的相互作用关系。

## 二、高职院校现代学徒制运行机制

基于前文对"现代学徒制"和"运行机制"两个概念的清晰界定，本研究的核心概念——"高职院校现代学徒制运行机制"的内涵也就水落石出了，即高职院校现代学徒制运行机制是指高职院校与企业两个合作主体在联合培养技术技能型人才过程中，参与到这一过程中的各个相关主体基于自身的诉求而在寻求相互合作的过程中所产生的相互作用关系。本研究的目的正是为了探讨这一运行机制可以从哪几个理论维度进行深入的阐述分析，当前高职院校现代学徒制在运行实施的过程中出现了哪些问题，可以通过哪些制度措施对

① 关晶，石伟平. 现代学徒制之"现代性"辨析[J]. 职教论坛. 2015(01)：64-65.

② 张倩. 中职学校校企合作运行机制研究[D]. 上海：华东师范大学，2012.

现代学徒制的运行状况进行系统优化，从而保障人才培养目标的达成与实现。高职院校现代学徒制运行机制模型如图 1-1 所示。目前，高职院校现代学徒制运行机制中的参与主体主要有政府、行业协会、高职院校、企业、学生、师傅和教师，而这些主体通过相互作用形成的结构和功能正是现代学徒制运行机制所欲研究的重点。

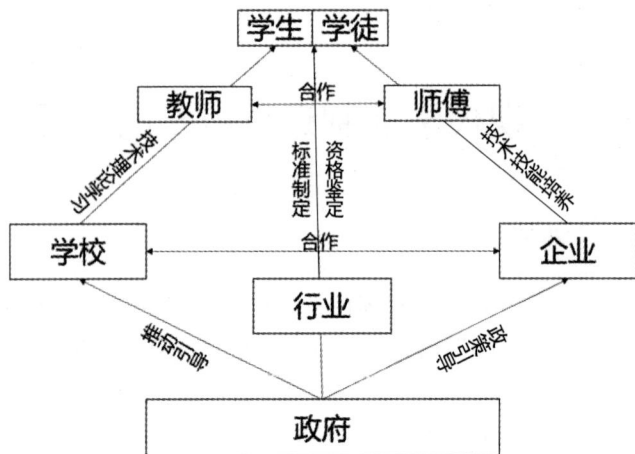

图 1-1　高职院校现代学徒制运行机制模式示意图

## 三、现代学徒制运行机制参与主体分析

欲对高职院校现代学徒制运行机制进行深入的分析，首先必须明确高职院校现代学徒制运行机制的主体。笔者借鉴别国的参与主体为基本判别依据，提出能够影响高职院校现代学徒制的构建的我国高职院校现代学徒制运行机制的参与主体，主要包括行业企业(师傅、学徒)、高职院校(学生)、政府等。

### (一) 行业、企业：提前筹划未来人力资源的战略储备

离开行业、企业，单凭学校自身是无法培养出满足社会需求的高素质技术技能人才的，这已经被各国的职业教育办学实践所证明，也被德国、瑞士等国的蜚声国际的"双元制"体系反复印证。不仅如此，在西方国家，行业、企业在现代学徒制运行过程中的主体地位非常突出。以德国"双元制"为例，企业的主体地位体现在以下三个方面：一是企业具有教育的决策权和管理权，主要包括企业参与制定教学大纲，通过考试委员会等相关机构参与毕业生的资格审核和质量鉴定等；二是企业具有招生的资格，获得"教育企业"资质的企业都会先制定当年培训生的招生计划，同时制定企业用人标准和技能要求等，并据此提

供培训场所，通过自设的聘任程序选录学徒，并与学徒签订合同，最后只要将录取的结果报给政府就可以注册入学；三是企业具有一定的教育教学权力，职业学校主要进行专业理论和普通文化知识的教学，而企业则主要负责学生实践能力的培养。企业的积极参与是保证现代学徒制得以实现的最为重要的一环。行业协会在学徒制的发展中也居于十分重要的地位，其对学徒制的控制与管理包括以下几个方面：① 制定一般性的管理规范(师徒之间的契约、学徒最低年限、保证师傅资质等)。② 教学指导和监督。③ 学徒考核。[①]直至今日，行业协会在现代学徒制的发展中仍然具有重要的地位作用，难以被取代，例如在德国的"双元制"中，行业协会的主要职责包括：发布职业培训相关规范；审查培训师与培训场所的资质；任命培训顾问，监督培训的执行；注册和解除企业与学徒的培训协议；向培训师和学徒提供咨询建议；对学徒的培训进行评价等。[②]可见，行业协会无论是在传统学徒制还是在现代学徒制的发展中都起到了不可或缺的作用。

然而，企业作为一个"盈利"经济组织，为何会将有限的资源投入到人才培养之中，其积极参与现代学徒制的利益诉求是什么，在我国的制度环境下其利益诉求能否得到有效的满足，这是现代学徒制得以顺利运行最为关键的一个重要因素。因此，识别并分析企业参与现代学徒制的利益诉求是探讨现代学徒制运行机制的必要前提。企业作为具有经济属性的组织，主要职能是提高自身的生产经营能力，创造财富，服务社区与社会。企业发展的核心是人才，而生产一线的技术技能型人才主要由职业院校来培养，但职业院校由于欠缺企业先进的设施、设备，其人才培养的质量标准往往不能满足企业的用人需求，企业就不得不花费大量的时间和精力用于人才的寻找与培养。而参与现代学徒制的企业就可通过与职业学校的合作，优先挑选所需人才，把优秀的学徒留为己用，而且企业的参与可以保证人才培养质量符合企业的需求，这样就从根本上保障了技术技能人才的持续高质量供给。因此，企业只有在获得利益补偿的情况下，才会参与到现代学徒制中，如若没有企业的积极参与，现代学徒制运行机制也就无从谈起。

企业师傅在现代学徒制中的利益诉求经常被人们所忽视，认为企业师傅作为企业的雇员理应服从企业的安排，只要企业具有积极主动的意愿，企业师傅自身的积极性就自然而然地得以调动，其利益诉求就不需要得到专门的考虑。现实环境远远要比理论假设更加复杂，企业师傅尽管作为企业的雇员，按照双方所签署的雇佣协议理应听从企业的安排，履行培训学徒的职责，但同时企业师傅同企业是一种劳动雇佣关系，雇员之间也存在着激烈的竞争关系，而学徒(学生)作为未来的企业雇员，同样和企业师傅之间存在着潜在的竞争

① 关晶. 西方学徒制研究[D]. 上海：华东师范大学，2010：23.
② 关晶. 西方学徒制研究[D]. 上海：华东师范大学，2010：74.

关系。如何保障企业师傅的劳动安全，即如何防止"教会徒弟，饿死师傅"现象的发生就成为现代学徒制能否在具体实施过程中得以有效运行的关键。因此，企业师傅利益诉求的有效满足同样是高职院校现代学徒制运行机制构建的重要实现前提，在开展现代学徒制的实践探索过程中必须重点考虑企业师傅所担当的角色和利益诉求。

### (二) 高职院校：提高自身人才培养质量和社会声誉

高职院校作为企业潜在的重要利益相关者[①]，在现代学徒制构建的过程中也具有十分重要的地位作用。传统的学徒制运行机制并没有职业学校的参与，因为当时科学还没有进入到工业生产领域，但随着手工业生产的逐渐凋零，以现代科学为基础的大工业迅速发展，导致传统的学徒制日渐难以满足企业的需求。于是，在德国、英国等国都出现了培养现代工业生产所需要的技能型人才的职业学校，而德国更是将现代学校制度同传统学徒制度结合起来，凡是招收了学徒的企业都要将其送进职业学校学习普通文化知识和技术理论知识，这便是双元制发展的雏形。因为随着知识经济的逐渐兴起，对于企业而言，物质资本的重要性正在逐渐降低，占有知识的人才资本日益成为稀缺资源，高度专业化的人力资本在企业价值创造过程中居于绝对的主导地位。而技能型人力资本作为人力资本的一个重要类型，其在企业的发展过程中具有十分重要的地位和作用，成为企业在创新发展环节中不可或缺的重要一环。对于企业而言，有效介入职业院校的人才培养过程之中，同职业院校形成紧密合作关系成为其当前重要的发展战略。因此，高职院校在现代学徒制构建过程中是不可或缺的重要一环，没有职业院校的积极参与，现代学徒制的构建也必将难以有效实现。

高职院校在现代学徒制构建中的利益诉求能否实现也是现代学徒制能否有效运行的关键因素。对于高职院校而言，之所以要积极参与现代学徒制，主要是因为技术技能人才的培养仅仅依靠教育部门是根本无法完成的，因为高职院校无论是设施设备的硬件资源，还是"双师型"教师的软件资源，都无法满足高素质技术技能型人才培养的需求。因此，通过现代学徒制实现高职院校同企业在人才培养上的密切合作，实现自身的利益诉求——利用行业、企业资源解决高职院校当前实习教学资源、实践教学场所的不足，完成学生技术实践能力的培养，并利用行业企业的劳动力市场信息资源和岗位人才质量标准，调整学校的专业设置、人才培养目标和培养规格，最终实现高职院校在人才培养质量上的提升和办学声誉的提高。因此，高职院校和企业的利益诉求在相当程度上是契合的，企业需要提前进行人力资源的储备，而高职院校需要借助企业资源实现人才培养质量的提升，因此现代学徒制运行机制就是为了保证学校和企业的利益诉求能够实现紧密的契合，并通过制度措

① 耿洁. 职业学校：企业潜在重要的利益相关者[J]. 中国职业技术教育，2010，21：22-26.

施来保障双方的利益诉求，从而保证现代学徒制能够顺利运行。

高职院校的学生(学徒)也是现代学徒制的重要参与者，其利益的有效满足对于现代学徒制运行机制的构建同样也具有十分重要的意义。如若没有学生(学徒)对现代学徒制价值的认可，并通过自身在学习上的积极投入来提高自身的技术技能从而实现现代学徒制的价值彰显，那么现代学徒制运行机制也将因为缺乏学生的积极参与而难以得到有效构建。因此，保障学生(学徒)的利益诉求，并通过精心设计的人才培养方案、质量严格的培养过程提升学徒技术技能的水平就成为吸引更多的学生(学徒)参与到现代学徒制，保证现代学徒制运行顺畅的关键。在传统的学徒制和我国过去开展的校企合作中出现过很多侵占学徒权益，把学生(学徒)当作廉价工人的情况，而最终因为缺少了学生(学徒)的积极参与，导致传统学徒制和职业院校的校企合作难以为继的情况出现。正是因为这些不保护学生(学徒)权益的现象频繁出现，才导致职业院校校企合作社会声誉不佳，不仅脱离了其初衷，更因为其投机的行为造成职业院校办学声誉的下降。基于以上阐述分析，学生(学徒)作为现代学徒制重要的利益相关方，其利益诉求的有效满足与实现对于现代学徒制的高效运行十分重要。

### (三) 政府：提升教育服务经济社会发展的能级

政府在传统学徒制中一般处于"旁观者"的角色，很少直接干预学徒制的发展，直到近代以来，行会学徒制日益走向衰败之际，国家为了能够维持社会的稳定，避免学徒制对"学徒"日益严重的剥削现象发生，才开始通过法律、法规规范学徒制，保障学徒的合法权益，明确参与主体的责任、义务和权力。而德国政府一直积极主动通过法律、法规来规范学徒制的运行，正是在其干预之下，德国"双元制"才成为职业教育的典范代表。例如，德国于 1969 年颁布的《职业教育法》不仅明确了"双元制"这一称谓，还对学校、企业、行业协会在学徒制中的地位、作用、权利、义务进行明确细致的规定，从根本上保障"双元制"在德国的顺利实施。英国政府则直接将现代学徒制与国家职业资格(NVQ)对接，将其纳入到国家的教育体系之中，不仅可以同普通教育体系实现横向融通，还为最高级别的学徒制设计了与高等教育接轨的入口，如英国的"基础学位"，法国的"第一学位"等。[①]从以上各国政府的举措来看，在现代学徒制中，政府不再居于旁观者角色，而是积极参与现代学徒制的构建，而且将其纳入到国家的正规教育体系之中，这一方面是因为技能人才培养是国家人才发展战略的重要组成，另一方面则是因为现代学徒制对于促进青少年就业，维持社会稳定发展，降低失业率具有重要意义。

---

① 关晶，石伟平. 现代学徒制之"现代性"辨析[J]. 教育研究，2014，10：97-102.

　　基于以上分析可以发现，政府在高职院校现代学徒制的构建中居于十分重要的地位，其之所以日益重视现代学徒制构建和发展，是因为在当前我国发展方式迅速转变，产业结构迭代升级的背景下，实施现代学徒制有利于大力发展职业教育，提高职业院校办学水平，培养高素质技术技能型人才，从而更好地服务于区域经济社会的转型发展。伴随着劳动者技术技能水平的迅速提升，现代学徒制的实施还对促进大学生就业、改善民生具有重要意义。因此，政府对于现代学徒制的利益诉求主要是希望企业和学校能够培养出高素质的技术技能人才，满足经济社会的发展需求，有效缓解当前大学生就业难的问题，有效促进当前经济社会发展水平的提高。

# 第二章

# 多学科视角下现代学徒制运行机制的内涵解读

本章基于现代系统论、社会构建理论、交易成本理论等学科视角对现代学徒制运行机制进行了内涵解读，构建了以合作起源——达成合作——进行合作——目标实现为基本逻辑的现代学徒制运行机制的结构，并且运用这些理论解决了现代学徒制运行机制中的相关问题，为构建现代学徒制运行机制提供理论基础。

## 第一节　现代系统理论视域下现代学徒制运行机制的内涵

现代系统论，最初是由美籍奥地利生物学家 L·V·贝塔朗菲创立的一般系统论，也叫普通系统论(简称系统论)。[①]起先，它主要涉足于生物学领域，叫作"机体系统论"。后来，贝塔朗菲和其他一些学者把它的原则推广到其他学科领域，从而形成了带有跨学科性质的"现代系统论"。它以抽象的客体系统为研究对象，而撇开系统的具体物质运动形态，着重考察系统中整体与部分、结构与功能之间的关系，并运用数学手段和计算工具，确定适用于所有客体系统的一般原则和方法。[②]所谓系统，就是指由若干要素按特定结构方式相互联系成的具有特定功能的统一整体。每一系统都是由内部要素(子系统)构成，而该系统又成为更大系统的组成要素。[③]现代系统论与以往的科学有显著的不同，它不是研究某特定领域的对象及规律，而是研究各种不同领域的对象的共同特征及规律，它将不同学科横向联系起来研究，具有跨领域跨学科研究的特点，因此现代系统论又被人们称为横断科学。现代系统论不把自己研究的对象看作某个单独事物，而是看作一个整体系统，要求做整体综合性的研究和把握。

现代学徒制在本质上是跨界形成的人才培养制度，其本身是教育与产业两大领域的融

---

[①] 贝塔朗菲. 一般系统论[M]. 北京：清华大学出版社，1987.

[②] 贝塔朗菲. 普通系统论的历史和现状[C]. 科学学译文集，北京：科学出版社，1981.

[③] 李愿. 试论现代系统论对整体与部分范畴的丰富和发展[J]. 中央民族大学学报(社会科学版)，1999(1).

合。根据现代系统论的观点，我们不能将现代学徒制中产业与教育两个领域分别看待与研究，只有把现代学徒制运行机制看作一个整体系统来研究与把握，才能够研究发现其中的核心内涵与规律。从现代系统论视角分析现代学徒制运行机制，能够帮助我们理解与分析在现代学徒制运行机制中部分与整体、部分与部分、系统与环境、系统与要素之间的相互作用机制。

## 一、现代学徒制运行机制是由跨界融合而成的完整体系

现代学徒制的基于产教融合、校企合作、工学结合而构建的技术技能人才培养模式，是一种基于师徒关系的校企跨界育人合作制度。根据现代系统论，我们应将这种跨界跨领域而形成的体系作为一个完整的整体来看待。整体性是系统的首要特征，在现代学徒制运行机制这个系统中，并非将校企双方以及其他参与方的资源机械地叠加与组合，而应是用合理的结构将来自产业的要素、教育的要素以及政府的要素有机地结合在一起，使构成的整体所能发挥的功能大于其单独部分功能之和，使现代学徒制能真正利用各方资源提升技术技能人才培养质量与效率。

## 二、现代学徒制运行机制具有动态性

现代系统论认为系统是处于活动状态的，具有动态性特征。动态性是指系统的存在和稳定发展需要系统内部有效的自我调节，使系统内部要素之间、系统和环境之间维持一种动态的平衡，也就是说，随着系统中的部分与部分、部分与整体、整体与环境等变化，系统也应不断动态变化以保持长效稳定。我们知道，当前现代学徒制开展的重大的困境是如何促进校企有效合作、产教深度融合，这是当前现代学徒制亟待解决的问题，也是现代学徒制形成的必要前提。因此我们遵循合作发生的基本规律，将从合作起源—达成合作—进行合作—目标实现四个基本环节入手构建四大机制，以形成现代学徒制运行机制有效运行闭环，保持该系统的动态平衡与发展。

## 三、现代学徒制运行机制中部分与部分之间具有相关性

现代系统论认为部分与部分之间的相关性构成了不可分割的系统整体。在现代学徒制运行机制中，这种相关性是非常突出的，首先现代学徒制运行机制其本质是各参与主体间互动博弈的相互作用关系，其次在宏观层面的教育与产业的相互关系，中观层面的职业院校与企业行业的相关关系，微观层面的师父与学徒的相关关系，等等，都是错综复杂的。当我们分析现代学徒制运行机制时，可以发现，现代学徒制运行机制构建的核心内容是课程开发机制，课程开发机制主要围绕教什么、怎么教、谁来教三个方面的问题来展开，这关系到学生(学徒)如何进行培养，人才培养质量的高低，以及现代学徒制是否能够实现其

人才培养目标的预期，这也是校企双方开展现代学徒制合作的初衷与目标。因此，课程开发机制是现代学徒制运行机制中最为核心的部分，是现代学徒制有效运转的关键。当我们明确了一个系统的核心部分，就能更好地理解这个系统，并且能够理清与其相关的其他部分、相关要素及其相互关系与作用。

通过现代系统论，可以得出：

(1) 应当以一个整体来理解现代学徒制运行机制这种跨界合作形成的体系，并且必须建立合理的结构才能使该系统能够长效稳定的运转，该结构的构建必须考虑到系统中各部分的相关性与系统的动态性。

(2) 我们可以遵循合作起源—达成合作—进行合作—目标实现的基本逻辑构建现代学徒制运行机制，使这种跨界合作产生的制度能够从触发合作到实现目标形成一个有效且良性的运行闭环。

(3) 课程开发机制是现代学徒制运行机制的核心部分，其他相关环节的发生都是为了触发这一机制的运转，或者说保障它的有效运转。

# 第二节　社会建构理论视域下现代学徒制运行机制的内涵

## 一、现代学徒制运行机制嵌入于整个社会经济环境之中

任何一个国家现代学徒制的模式及其运行机制都不是企业和学校随意选择的，而是与整个宏观经济社会治理机制相匹配的，用经济社会学"社会建构"理论的观点来看，就是被社会建构的。从宏观层面讲，行为主体及其所在的网络嵌入于由其构成的社会结构之中，并受到来自该结构的价值因素等的影响。[1]基于 Granovetterr 对嵌入理论的分析，职业院校现代学徒制运行机制同样是在整个社会经济环境的体制下运行的，参与现代学徒制任何主体的行动抉择都受不同主体之间互动关系网络的影响，即个体的行动选择会受到其他主体行动策略影响，而且更为重要的是现代学徒制的运行是在整个社会网络环境之下构建的，与现代学徒制运行机制成效最为紧密相关的就是国家经济社会治理模式，这是一个宏大的社会背景，因为经济社会治理模式的差异将会直接影响到参与现代学徒制的各利益主体的利益考量与行动决策。

## 二、参与现代学徒制运行机制构建的各利益主体的诉求是由社会建构的

由于现代学徒制运行机制的形成是社会性的，一方面参与现代学徒制运行机制构建主

---

① Smelser N J. The sociology of economic life.[M]// The Sociology of economic life. Boulder: Westview Press, 1992.

体是多元的，既有学徒、师傅、教师等主体，同时也包括了社会组织；另一方面影响建构的因素也不仅仅是理性作用的结果，个体或组织的理性抉择也是社会性的，这是因为在真实的现实世界之中，各个行动者的理性行为是嵌入到整个社会经济环境之中的，社会关系和社会网络会直接影响到个体的理性抉择。社会经济学家迪马济奥认为，"理性经济行为的社会建构体现在两个层面：一是社会规范经济，这个时候意识形态、政策体系以及社会规范是外在于经济行为的，对经济行为理性选择的形式和范围起到限制作用；二是社会架构经济，即社会行动者带着各自不同的理性内容参与到经济行为之中，在制度变迁理论之中，这种社会建构的二重性可等同于制度的二重性。"①可见，各个行动主体在现代学徒制运行机制的构建场域之中的理性抉择都被打上了"社会"烙印。

### 三、现代学徒制运行机制的内容与表现形式受制于各利益主体之间的博弈互动

现代学徒制运行机制的内容与表现形式不是某个单一利益诉求主体构想设计的结果，而是在现代学徒制运行机制场域中，各个参与其中的利益主体基于本身的利益诉求，在沟通、协商、博弈与互动的过程中共同建构的。而且，这种建构过程实质上是一种双方或多方互动博弈的过程，它既包括了社会成员之间的互动、成员与结构(制度或组织)之间的互动，也包括了结构(制度或组织)之间的互动。从另一个角度来谈这一问题，职业院校现代学徒制运行机制的内容与表现形式绝不是某一个单一主体(如政府)进行设计规划的结果，而是不同参与主体之间互动博弈的结果。

社会建构理论帮助我们分析与理解了现代学徒制运行机制中与社会环境的关系、其中参与主体的利益诉求以及各利益主体之间的博弈互动关系，能够帮助我们解决合作起源的问题。根据上文的基本分析，现代学徒制的参与主体都是自身利益最大化的行为体，各个主体都是为了实现自身利益最大化的理性行为主体。按照这一假定，现代学徒制得以构建的一个必要前提就是各方能够通过现代学徒制的构建获得"利益"。因此，首先应构建起现代学徒制利益驱动机制以触发现代学徒制的跨界合作。

## 第三节　交易成本理论视域下现代学徒制运行机制的内涵

现代学徒制作为职业教育领域公共政策，交易成本理论提供了从制度经济学的视角分析现代学徒制运行机制特征性与有效性的可能。该理论指出了经济生活与制度之间的双向关系，一方面能够帮助理解制度形成背后的经济活动，另一方面可以作为分析各种具有协

---

① 王星. 技能形成的社会建构[M]. 北京：社会科学文献出版社，2014.

调功能的规则或者说制度有效性的工具或标准。事实上，现代学徒制是为提高技术技能人才培养的质量与效率而联合不同社会组织共同参与而构建的人才培养制度。交易成本理论指出，有人类交往互换活动，就会有交易成本；而在这场有关人力资本的"交易"中，交易成本是必然存在的，且是这其中最为核心的成本。通过交易成本理论，我们还可以知道，交易成本越低，现代学徒制运行机制将越稳定与高效。因此以制度经济学的"交易成本"理论为分析框架，分析现代学徒制运行机制的交易成本组成以及如何降低其交易成本是十分必要的。

## 一、现代学徒制运行机制存在交易成本

现代学徒制运行机制的构建及运行需要职业院校、企业、政府、行业等多方共同协作参与，在这复杂的多方交涉与协作的过程中必然存在交易成本，并且这其中的交易成本可能占到所有成本的四分之三。交易成本理论指出交易成本可以分为搜寻成本、信息成本、议价成本、决策成本、监督成本以及违约成本六项。在现代学徒制运行机制中，搜寻成本包括寻求高水平合适的职业院校/企业、行业合作的成本，搜集合作方相关信息的成本。信息成本包括合作各方交换信息的成本，例如与政府交换政策信息的成本，与企业行业交换产业信息的成本，等等；这其中最为核心且占比最高的信息成本是由于课程开发而产生的信息成本，因为在现代学徒制中整合校企双方资源开发现代学徒制课程体系是实现现代学徒制的核心。议价成本包括对人才培养数量、资源投入等方面商议的成本。决策成本主要包括校企双方共同做出制定人才培养方案决策的成本。监督成本主要包括跟踪与监督学徒企业学习，保证学徒企业学习安全，跟踪与监督师父教学质量等成本。违约成本主要指合作各方违约时所需付出的成本。

## 二、长效的现代学徒制运行机制的构建源于交易成本的降低

由交易成本理论可以知道，交易成本越低，由此建立起来的制度将越稳定与高效。因此要构建长效的现代学徒制运行机制，必须要降低其中的交易成本。交易成本理论指出交易成本发生的原因，来自人性因素与交易环境因素交互影响下所产生的市场失灵现象，造成交易困难所致，其主要原因包括有限理性、投机主义、不确定性与复杂性、专用性投资、信息不对称与气氛。在现代学徒制运行机制中，降低因信息不对称而带来的成本是降低交易成本的最核心要素。因为现代学徒制的构建是为了使行业企业真实的技能技术进入课堂，从而培养企业行业真正所需人才，必须打破学校与企业行业之间的壁垒，推进产教融合才能真正构建有效的现代学徒制，从信息不对称到信息流通是打破这种壁垒的关键。其次有限理性(交易参与人因为身心、智能、情绪等限制，在追求效益极大化时所产生的限制约束)，

不确定性与复杂性(由于环境因素中不可预期性和各种变化,交易双方均将未来的不确定性及复杂性纳入契约中,使得交易过程增加不少订定契约时的议价成本)以及气氛(交易中因信任不足而无法营造出满意的交易关系而增加的交易困难与成本)也是对现代学徒制运行机制交易成本具有较大影响的因素。

在上述对现代学徒制运行机制的内涵解读的基础上,从交易成本理论视角审视现代学徒制运行机制,可以发现:

(1) 在现代学徒制运行体制中,实现校企主体以及其他社会团体组织之间的信息交换是其得以运转的关键,要从根本上解决产业与教育之间的信息不对称问题,着力降低其中的信息成本,才是现代学徒制中产教融合、校企合作能够达成的必要条件。因此必须建立起现代学徒制参与的各方主体的协调沟通机制以降低搜寻成本、信息成本从而构建有效的运行机制。

(2) 交易成本是现代学徒制运行机制中的必然存在,又是衡量运行机制是否能够稳定高效的标准。运用交易成本理论构建现代学徒制质量保障机制,通过降低交易成本,保障现代学徒制的目标实现。可以说,交易成本理论能够帮助我们解决合作达成与目标实现环节的问题,应依据交易成本理论建立起现代学徒制沟通协调机制与质量保障机制,以降低交易成本,促进合作达成与保障目标的实现。

# 第三章

# 现代学徒制运行机制理论分析框架构建

现代学徒制运行机制理论分析框架的构建是本研究开展的逻辑起点，也是后续研究顺利开展的重要基础。基于上述理论，我们根据现代学徒制运行机制的本质内涵属性，确定现代学徒制运行机制的理论分析框架，依据四个紧密围绕合作而开展的问题确定现代学徒制运行机制的理论分析框架，框架示意图如图 3-1 所示。

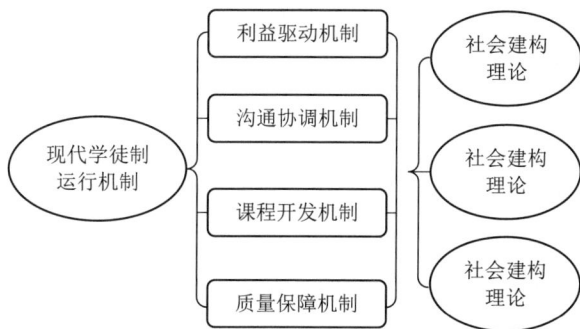

图 3-1　现代学徒制运行机制分析框架示意图

## 第一节　利益驱动机制

### 一、社会建构理论视域的利益驱动机制构建

我国学者通过近几年对校企合作的研究发现，总体而言，目前我国企业参与职业教育的积极性不高、动力不足，企业投入职业教育的整体意愿不强烈。[①]经济社会学中的"社会建构"的内涵主要是指，为达成某一社会行动目标不同行动者基于自身的利益诉求而进行

---

① 张利庠，杨希. 企业参与校企合作职业教育影响因素的实证研究[J]. 中国职业技术教育，2008(33)：56-59.

的磋商、妥协而达成共识的过程，影响这一社会行动过程的因素是社会性的，不完全是个体基于理性选择的结果，是受到整个社会环境制约的(包括了利益、价值、权力、意识形态以及社会习俗规范等)，就算是行动主体理性也是被建构的，个体的行动策略深深打上了整个社会的"烙印"。按照这一理论观点认为，现代学徒制就是为了达成"技能传承"这一社会目标，不同行动者基于自身的利益诉求在某一场域规则(这一规则的形成亦受到了整个社会制度环境的影响)下相互博弈、互动的建构过程。因此，识别现代学徒制构建的参与主体，并对其主要利益诉求进行判别分析是进一步分析我国现代学徒制构建面临的制度障碍的必要前提。如表3-1所示，对构建现代学徒制主要参与主体及其利益诉求进行分析，对现代学徒制实践能够产生影响的主体要素包括：企业、职业院校、学徒、政府、师傅、行业协会、学生及家长等等。

表3-1　现代学徒制构建参与主体一览表

| 参与主体 | 主要利益诉求 |
| --- | --- |
| 企业 | 获得优质的人力资源，实现技能替代与传承，增强企业竞争力 |
| 职业院校 | 节约办学成本，提高人才质量，获得优质办学资源 |
| 学徒 | 提高技术技能，有较好的工资待遇与良好的生涯发展前景 |
| 政府 | 促进经济发展，保障社会稳定 |
| 企业师傅 | 获得经济报酬和企业或行业内的地位与声望 |
| 行业协会 | 确保行业内技能传承秩序与行业竞争力提升 |

## 二、交易成本理论视域的利益驱动机制构建

各方利益诉求的满足与否是现代学徒制能否得以在我国实施的一个重要前提。而这一问题在不同主体之间所产生的相互作用关系，就被称为利益驱动机制。在过去的校企合作过程中，之所以会出现"剃头挑子一头热"的情况，就是因为企业的利益往往很难得到保障，合作企业往往认为校企合作是一件"费力不讨好"的事情，不仅很难获得自己所需要的人才，也会时常干扰到企业正常生产秩序的运行。因此，企业会认为交易成本未达到满足，而怠于投身校企合作。如果我们对比分析德国、瑞士等协调性市场经济国家的学徒制和英、澳、美等非协调性市场经济国家之间的学徒制，就会明显地发现德国、瑞士等国家中的企业要比后者参与现代学徒制的积极性要高出许多，而之所以造成这一差异，是因为"协调性市场经济国家(德国、日本)，通过企业间或企业内联合与协商(如行会组织)干预市场，依赖企业之间的联合网络限制企业之间在劳动力市场的恶性竞争，从而为企业内学徒培训制度的产生奠定了社会基础。"通过国家、行会的介入，保证了企业与学徒之

间可以达成"可信承诺"，防止了因为"挖人外部性"而损害了相关企业投入现代学徒制的利益，从而激发了企业参与现代学徒制的内生动力，而且这些国家都会对参与现代学徒制的企业进行财政上的补助和税收的减免，这其实就是不同主体之间如何就各方利益诉求的达成而发生的相互作用的真实写照，这一相互作用就保证了双方合作交易的成本，这也是合作能够开展的有效前提。

因此，从交易成本理论而言，现代学徒制双方合作有效可持续开展的前提是要分析合作双方或多方的合作成本，明确成本的影响因素，并通过有效措施确保成本回收并盈利。

## 三、现代系统理论视域的利益驱动机制构建

现代学徒制的有效实施，涉及政、行、企、校等多方主体的合作共谋。即以现代学徒为中心，政府、行业、企业、学校和家庭等利益相关主体共同组成一个新的系统——现代学徒利益共同体，各主体要素之间相互作用，形成系统发展动力。基于此，现代系统理论视域的利益驱动机制构建，需要将各要素看成一个综合系统，并考虑要素之间的相互影响因素，做好各要素间的顶层设计。综合以上，利益驱动机制构建，需要在社会建构的基础上，进行各要素的交易成本分析，并对以上要素进行整体性设计。

# 第二节　协调沟通机制

## 一、社会建构理论视域的协调沟通机制构建

在德国、英国、瑞士等已经建立了现代学徒制的国家，其行业协会在现代学徒制的形成中起到了十分重要的作用，该行业协会不仅对企业培训内容、企业师傅资质、企业培训场地都做了详细的规定，还通过对职业资格证书授予权的控制严格保障了学徒培养的质量。学校同企业之间的合作通常是由政府教育部门和行业协会之间通过相关平台进行沟通协商，有效降低了双方的合作成本，提高了合作效率，从而保障了现代学徒制的顺利实施。然而，在我国当前的制度环境下，行业协会并未有效地担当这一职责，导致作为两种组织属性不同的机构如若进行合作其必然面临着较为高昂的交易成本。针对该现实状况，为了有效地推进现代学徒制的构建，某高职院校另辟蹊径，通过与合作企业成立实体型组织机构降低双方合作过程中由于目标追求的差异而产生的矛盾、冲突。例如，某高职院校与浙江西子航空工业有限公司合作共建的西子航空工业学院，该学院实行"校企共同体"领导下的学校二级企业化管理模式，实行理事会建制。西子航空工业学院管理层分别由学校和企业共同组成，企业和学校领导组成理事会成员，企业相关负责人分别担任西子

航空工业学院常务副院长、科室主任和教研室负责人。西子航空工业学院在理事会的直接领导下，实施"资源共享、人才共育、校企共管"三位一体的校企紧密型管理模式，在强有力的组织领导下，保证了学校和企业能够及时共同解决学徒培养过程中遇到的问题，避免由于双方信息沟通的不畅而产生矛盾、冲突。

## 二、交易成本理论视域的协调沟通机制构建

在合作的过程中，职业院校属于提供公共服务的公共机构，而企业则属于以盈利为核心的私营机构，两方主体具有完全不同的组织属性，存在着十分明显的组织边界，如果没有具有一定的权威性和规范性的沟通平台保证各方利益诉求的充分表达和有效的沟通，则很难保证双方能够达成合作的目标。而在国外，搭建行业、企业部门与教育部门之间的沟通合作平台，是保证合作能够实现的重要途径，该平台往往是建立在国家和州层面，然后由这些由多元主体组成的机构来制定或影响相关法律、法规的制定，从而保证不同利益主体的诉求能够得到有效的保障，而且在国家和州层面建立协调机构，也避免了职业院校和企业两者之间在实践过程中因反复沟通而导致的交易成本过高的现象。

例如，关晶研究指出，在德国的双元制中，政府、工会、行业协会和学校等不同的主体分别扮演了不同的角色，并分别代表参与双元制的利益相关者，但这些主体之间又通过协商的方式对双元制的实施达成一致的意见，从而最终形成对双元制的各种规范。[1]在实施双元制的许多组织和管理机构甚至相关规范的制订过程中，随处也可以体现这种利益均衡合作的机制，比如对双元制起到指导和协调作用的联邦职业教育研究所领导委员会，是由雇主代表 11 名、工会代表 11 名、联邦政府代表 5 名和州政府代表 5 名共同组成的。又如，对州政府就职业教育相关事宜提供咨询建议的职业培训委员会是由雇主代表 6 名、雇员代表 6 名和职业学校教师 6 名共同组成的；而考试委员会是由数量相等的雇主代表、工会代表和至少一名职业学校的教师共同组成。[2]现代学徒制合作的达成如果还需要保证各方的利益诉求能够在具体实施的过程中得以实现，就必须要构建保证各方利益诉求都能得到表达的协调沟通机制。

## 三、现代系统理论视域的协调沟通机制构建

现代系统论旨在揭示对象的系统存在、系统关系和系统规律性的观点和方法。现代系统论不把事物、过程看作是实物、个体和现象的简单堆积，而是把它们看作是系统的存在。它所揭示的系统是由若干相关要素组成的，是具有一定结构和特定功能的有机统一整体。

① 关晶. 西方学徒制研究[D]. 上海：华东师范大学，2010：89.
② 关晶. 西方学徒制研究[D]. 上海：华东师范大学，2010：89.

协调沟通机制的构建，需要综合考虑学徒制治理体系和治理能力的完善和提升，以及学徒制的信息成本和议价成本等，综合以上进行系统设计，才能构建符合现代学徒制特征的协调沟通体系和实现路径等。

# 第三节　课程开发与实现机制

## 一、社会建构理论视域的课程开发与实现机制构建

从国家层面对现代学徒制的课程内容框架进行确定是各国保障学徒培养质量的一个最为普遍的办法与经验，也是对企业学徒培训质量进行监督的一个抓手。然而，我国现代学徒制的建设还处于起步阶段，还没有从顶层设计层面对这一问题进行整体规划，但为现代学徒制试点的高职院校如何进行有效的课程开发，为学生铺设一条成功职业生涯的道路无疑是决定现代学徒制成功的关键，为了能够有效地解决这一问题，某高职院校同企业进行积极的合作，在双方成立的联合学院的领导之下，共同进行现代学徒制试点专业人才培养方案的制定工作。例如，该校与浙江西子航空工业有限公司联合开发现代学徒制专业课程体系，根据其企业人才培养目标，把现代学徒制课程体系分为四个模块：航空职业素质养成模块、制造类技术技能基础模块、航空制造岗位群技术技能模块和学徒个人职业发展模块。该课程体系既满足了该企业制造类技术技能人才的需求，又根据学徒的兴趣和职业取向，使得培养的学徒具备可持续发展能力。而且，整个课程体系都紧紧围绕学生个体生涯可持续发展进行顶层规划，在学生选择正式成为一名学徒的前期，第一阶段主要通过一些专业平台课程和职业体验课程，树立学生的职业生涯发展目标，将学生的学习兴趣和专业学习有机地结合起来；第二阶段的学习则是通过岗位实践，在培养学生专业能力的同时培养学生的职业习惯，让学生能够在工作过程中遵守纪律、坚持标准、追求卓越；第三阶段则是通过系统理论与实践一体化课程培养学生的职业反思能力，让学生善于总结规律、善于发现问题，使学生不仅仅能够胜任当前岗位任务的需要，也能够将理论学习和实践进行有效统整，促进学生岗位迁移能力的发展。

## 二、交易成本理论视域的课程开发与实现机制构建

课程开发及开发过程中的多元课程计划出现在错综复杂的区域或各种利益共同体中，课程开发远不是静态的。课程开发由各种不同过程(技术的、人文主义的、艺术的)组成，这些过程允许学校和学校人员实现一定的教育目标。从开发角度分析课程是课程知识领域最传统最常见的方法，不光需要考虑课程是如何规划、实施、评估的，也要揭示人、过程、

程序在构建课程中涉及什么。

　　因此课程开发和实现机制的构建，需要重点解决有限理性、投资主义和信息不对称等问题，与此同时，构建现代学徒制课程规划、实施、评估的运行体系，实现校企共融、教师和师傅之间的互通。

### 三、现代系统理论视域的课程开发与实现机制构建

　　课程开发与实现机制从其内涵而言涉及教什么、怎么教、谁来教三个方面的问题。教什么主要要回答的是课程内容如何开发，谁来决定学习何种知识、技能，不同的主体之间在决定教什么这一问题上主要的职责、权限，谁具有主导的地位，不同主体之间如何通过相互合作来开发课程内容，这一过程也可以概括为课程开发机制。而针对怎么教主要回答的是在确定了课程内容之后，谁来实施已开发出的课程，各主体之间又如何通过协同合作保证课程规划能够顺利落地，如何通过资源整合开发来保证这一课程规划的顺利实施与运行，通过何种教学手段传授相应的知识，这一过程可以概括为课程实现机制。而针对第三个问题即由谁来教，主要回答的是由谁来负责对学生进行知识、技能的传授，他们在向学生传授知识与技能的过程中所肩负的职责权限有哪些，他们之间又存在着何种相互关系，这一构成可以概括为教师合作机制。由此可见，高职院校现代学徒制教学运行机制是整个高职院校现代学徒制最为核心的内容，因为其直接关系到学生(学徒)如何进行培养，而人才培养的方式直接关系到人才培养质量的高低，将直接关系到现代学徒制是否能够实现其人才培养目标的预期，现代学徒制不是学校和企业的简单嫁接，只有实现了在人才培养上的紧密合作才能达成合作的预期，如果仅仅是实现了外部的形式合作关系，而没有在人才培养上进行科学的设计和严谨的规划，就算高职院校同更多的企业建立了现代学徒制合作关系，也根本无法保证其人才培养目标的达成。

　　综上所述，课程开发与实现机制的构建，一方面需要从社会建构的视角考虑课程开发的人员主体，综合考虑校企合作人员队伍的组建；另一方面需要从现代系统视角考虑课程开发和实现的课程客体，设计和开发具体的课程载体。

# 第四节　质量保障机制

## 一、社会建构理论视域的质量保障机制构建

　　现代学徒制的顺利运行需要建立相应的质量保障机制，这是确保学徒不会异化为"学生工"的必要措施。社会建构论者赞同杜威的观点，强调理论要先行，理论要为实践服务。

社会心理学家米德提出，人的认知是在日常的人际交往和群体互动中"建构"的，而不是人固有的。因此，现代学徒制的质量保障机制需要通过"建构"加以实现。

　　某高职院校为了能够保障人才培养质量，出台了一系列制度措施来守护学徒培养质量的底线，建立了较为完善的学徒培养考核评价体系。该评价体系主要通过实施理论考试+实际操作/答辩等多种考核形式，结合国际行业标准出具鉴定意见，将结果分为优秀出师、合格出师、不予出师等三个等级。而且试点专业会同合作企业共同制定每个岗位实训的实习考核标准，从学生评价、教师评价、师傅评价、企业评价四个方面全方位了解学徒的学习情况。从考核方式看，遵循过程考核与结果考核相结合的原则，主要考核师徒协议履行情况、学徒理论知识掌握程度、学徒实际操作水平、工作表现、工作任务完成情况及取得的学徒业绩等。从考核频率看，师带徒培养每个学期考核一次。在考核主体上，加强行业、企业或第三方机构对学徒进行技能达标考核，并且根据考核结果建立了定期检查、反馈等形式的教学质量监控反馈机制，通过评价结果改进教学，重构人才培养方案。除了加强对学徒的学习过程和结果进行监督考核外，该高职院校和企业还共同建立了师傅考核评价体系及评价机制，每年校企双方对师傅进行等级考核评定，评定等级分为金牌师傅、银牌师傅和铜牌师傅，并对其进行奖励。

## 二、交易成本理论视域的质量保障机制构建

　　为了保证人才培养的质量，不同的合作主体也会通过多种途径建立质量保障机制，其内容涉及多个方面，有的国家通过职业资格证书来保证学徒培养质量，也有的国家通过对过程进行实时的质量监控来确保守护质量的底线。因此，所谓现代学徒制的质量保障机制就是各参与主体为了能够保证人才培养的质量所形成的必然产物，该机制明确由谁来掌握着学生培养质量的话语权，由谁来具体负责对培养质量进行监控，作为人才培养主体的学校和企业在保障人才培养质量中的责任、义务和权利为何。通过对各个国家现代学徒制的构建实践的考察，可以看到质量保障机制已经成为现代学徒制构建的主要内容，尤其是国家日益认识到现代学徒制在促进经济发展和社会稳定上所发挥的重要功效后，更是成为维护现代学徒制人才培养质量的重要保障。例如，在德国"双元制"的实施过程之中，对于职业培训条例和州教学计划的贯彻实施建立了较为完善的督导体系，其中企业培训由行业协会负责督导，而职业学校的教学则由各州的教育与文化事务部负责全面的监管。[①]因此，高职院校现代学徒制运行机制的分析必须要考虑到各参与主体为了能够达成人才培养目标，都采取了何种举措、行动，各主体在保障学徒培养质量上的权利、责任与义务为何，各主体之间通过何种相互作用关系来维持并保障该质量标准。

---

① 关晶. 西方学徒制研究[D]. 上海：华东师范大学，2010：82.

## 三、现代系统理论视域的质量保障机制构建

系统论的基本思想就是把所研究和处理的对象当作一个系统，分析系统的结构和功能，研究系统、要素、环境三者的相互关系和变动的规律性，并优化系统观点看问题，世界上任何事物都可以看成是一个系统，系统是普遍存在的。质量保障体系是根植于教育实践的实际操作活动系统，在内部要对专业建设进行监控评价，在外部要对教育成果进行监测①。

基于现代系统理论的现代学徒制质量保障机制构建，需要建立质量观察和分析框架，描绘质量保障体系建设工作的现状与问题，并进行相关"典型试验"和质量监测体系实践。尤其在关键领域进行突破，包括质量标准开发、标准的"元研究"、质量监控与评估体系建设的实践研究和职业能力测评研究等。

综上所述，质量保障机制的构建，一方面需要从社会建构的视角考虑课程开发的人员主体，综合考虑校企合作人员队伍的组建；另一方面需要从现代系统视角考虑课程开发和实现的课程客体，设计和开发具体的课程载体。

---

① 赵志群. 现代职业教育质量保障体系研究：现状与展望[J]. 西南大学学报(社会科学版)，2014，40(04)：64-70+182.

# 第二篇　国际比较篇

　　在对现代学徒制的理论结构、现状调查及制度困境进行研究的基础上，本篇将选取英国、德国、澳大利亚和美国四个西方发达国家，对现代学徒制的运行机制进行国际比较研究。从利益驱动机制、协调沟通机制、课程开发与实现机制以及质量保障机制四个维度，分别论述这四个国家现代学徒制的运行机制，并对其进行比较研究，期望从中能够得到借鉴与启发。

# 第四章

# 英国现代学徒制运行机制

英国现代学徒制属于盎格鲁撒克逊系统，其典型特征是"供给引导型"。英国现代学徒制结合其国内的实际情况，经过多年的改革与实践，已成为世界上成效比较明显的学徒制模式。本节从四个维度对英国现代学徒制的运行机制进行探究。

## 第一节　利益驱动机制：政府放权，雇主主导

根据利益相关者理论，各利益主体的利益与组织目标的实现过程紧密相关。从利益和博弈的视角来看，利益相关者最终实现利益的总和是固定的或是有限的，当其中一个主体的利益达到最大化时可能会导致其他利益主体受损，这正是不同利益主体之间存在矛盾或冲突的根源所在。[①]因此，运用各利益主体之间的契约来规范彼此之间的行为，妥善解决主体之间利益均衡问题和需求多元问题，是构建利益主体之间利益驱动、利益均衡的关键内容。

在英国现代学徒制运行过程中，政府、培训机构、行业企业与学徒之间存在着彼此联系、彼此影响、彼此依存的利益关系。在英国职业教育现代学徒制实施初期，政府并没有建立利益相关者之间的协调沟通与合作交流的平台和框架，政府也没有与各利益主体之间签订相关契约，因此对于作为投资与培训主体的企业的权责也缺少明确而严格的约束机制，对于学徒培训成本的分担及其相应职责也没有做出明确的规定。[②]英国政府在制订学徒制培训政策与制度时，也很少征求企业、学徒及培训机构等利益相关者的意见建议，而企业与企业之间、企业与培训机构之间甚至企业内部之间也基本处于孤立的或对立的状态，各利益相关者之间缺乏相应的利益驱动和利益激励机制。

---

① 陈靖. 英国现代学徒制研究：基于利益相关者视角[D]. 杭州：杭州师范大学，2016：58.
② 陈靖. 英国现代学徒制研究：基于利益相关者视角[D]. 杭州：杭州师范大学，2016：60.

在 1993 年英国现代学徒制改革的初期，英国政府为了解决技能人才短缺问题，出现政府主导推行的现代学徒制项目。从政府的视角来看，希望通过构建学徒制的政策制定机制、培训拨款机制、课程建设机制和监督评价机制等，全方位对学徒制培训进行全面干预，而培训机构、行业、企业以及学徒等利益相关者则完全处于被动接受状态；从培训机构视角来看，他们对学徒制培训的决策、实施、监督和评价等基本没有话语权和参与权，只是被动接受政府的学徒制培训计划和任务；从雇主的视角来看，由于雇主在学徒培训改革中的缺位，他们对学徒制的培训内容、培训质量和技能水平持怀疑态度或有抵触情绪，使得他们也只是被动地接受学徒培训；从学徒的视角来看，他们作为培训的接受者，或者说是学徒制培训的最大受益者，他们希望通过学徒制培训提高技能水平，获得职业资格证书，期望提高就业机会与就业能力。以英国政府为主体推动学徒制改革初期，英国政府没有建立学徒制的利益驱动与合作机制，一方面挫伤了利益主体参与学徒制改革的主动性和积极性，另一方面导致各利益相关者处于孤立或不合作的状态。因此，英国政府运用法律、行政和经济等手段，平衡各利益主体间的关系，构建公平合理的利益驱动机制已势在必行。

英国政府为了解决学徒制推行过程中的利益不均衡问题，开始推动学徒制的改革，建立利益驱动机制。从政府角度来看，英国政府由原来的过度干预转变为政府放权，1995 年，英国政府不仅将现代学徒制扩展到 54 个行业，而且将现代学徒制的范围也由原来的传统行业逐步扩展到新兴行业，为英国现代学徒制注入了新的动力与活力，有效解决了英国政府技能人才短缺、技能水平低下以及高失业率等社会问题。2009 年，英国颁布实施了《学徒制、技能、儿童和学习法案》，并对现代学徒制的职责、职能、组织架构、实施举措及利益驱动等进行严格的规范，推动现代学徒制进入到一个全新的法制时代，对现代学徒制关注的焦点也由原来注重数量与规模发展转变为重视学徒质量的提高和内涵的发展。另外，由于缺乏国家层面的机构来统一领导与协调英国现代学徒制的管理工作，2009 年，英国政府成立了国家学徒制服务署，专门负责协调推动学徒制计划的实施情况。由此，英国政府职能也由原来的过度干预转变为服务为主。《学徒制、技能、儿童和学习法案》的实施与国家学徒制服务署的成立，不仅促进了政府职能的转变，而且提升了现代学徒制的质量与成效，政府改革学徒制的目的基本达到。

从培训机构角度来看，从政府获得的经费支持是培训机构的主要利益来源，英国现代学徒制的经费主要由培训费用和学徒工资两部分组成。其中，培训经费实行成本分担机制。学习与技术委员会提供培训经费，其他费用由培训机构或雇主承担。从学徒角度来看，雇主支付学徒的工资，学徒工资不能低于每周 95 英镑。学习与技术委员会支付培训费用，其支付的标准是学徒的年龄结构，16 至 18 岁学徒的全部培训费用由学习与技术委员会支付，18 至 24 岁学徒的 50%的培训费用自行支付，其余 50%费用由雇主支付。英国现代学徒制中，学徒除了能够获得学徒工资之外，还可以获得更多的收益，例如，学徒可以与有经验的师傅一起学习技术技能；学徒可以获取知识和技能，取得资格证书；学徒者在遇到困难时会得到雇主和培训机构的帮助；学徒还可以得到专业的咨询热线服务、免费的学徒顾问服务、相关测试工具服务等多渠道的支持，等等。从雇主的角度看，一是现代学徒制为雇主带来最大化效益。例如，降低劳动成本，提高企业生产力效率；学徒制传递企业所需要的技能，提供他们将来所需要的技术工人和专业技能。二是提升雇主的社会影响力，根据 NAS 提供的数据显示，愿意与学徒培训企业开展合作的人占 80%以上，而愿意选择学徒培训企业的人占 64%。[①]因此，大家更愿意选择并支持这些雇主，使雇主从学徒制中获得收益。

# 第二节　协调沟通机制：三方合作，各司其职

　　1964 年颁布的《产业培训法》标志着英国政府重新开始并直接干预英国现代学徒培训。该法规对学徒制的组织架构、协调沟通事宜等都有明确的规定与要求，以此来保证产业界与教育界之间的跨界协调沟通。一是各行业组建产业培训委员会，委员会均具有法人资质，并由劳资双方代表和教育专家代表按规定的比例构成。委员会的主要职责：制定相关的培训政策与制度；制定培训标准和大纲；设计学徒的考试；实施培训课程，征收税费等。二是确定学徒培训企业的征税与拨款机制，所有一定规模以上的企业都要缴税，参与学徒培训的企业可以得到政府经费支持。三是职业学校要为学徒设置"日释"(是指每周固定 1～2 天带薪脱产到职业教育机构去学习)和"期释"(是指集中数周带薪脱产到职业教育机构去学习)的学徒制课程，而企业要履行相关的法律义务，例如，送学徒到职业学校接受这种教育等。[②]

　　2009 年英国《学徒制、技能、儿童与学习法案》的颁布实施，标志着英国现代学徒制逐渐走向成熟。英国现代学徒制沟通运行机制比较通畅，学徒者要参加学徒培训，首先，要向学习与技能委员会(LSC)，或者向中介机构申请学徒岗位，并且进行登记；然后，学习与技能委员会，或者中介机构负责帮助学徒找到雇主和培训机构；最后，促成他们完成合作协议的签订。一方面，根据学徒制的相关规定，协调沟通的渠道比较畅通，学徒很容易找到培训机构；另一方面，因受拨款机制等制度约束，培训机构也很愿意为学徒者寻找工作岗位，学徒与培训机构互惠互利，积极性都很高。

　　英国现代学徒制的协调沟通机制的运行分签署协议前、协议签署后和培训结束后三步进行。

　　签订协议前，首先，雇主和学徒双方沟通交流，相互了解对方。雇主要了解学徒者的

---

① 资料来源：http://apprenticeships.org.uk/Employers/The-B.spx.2011-7-5.

② 关晶. 西方现代学徒制研究[D]. 上海：华东师范大学，2010：100.

学历、能力和人品等，学徒要了解雇主的资质、工作环境、工作程序等；其次，雇主、培训机构和学徒之间要进行沟通，共同确定培训起点、培训内容、培训方式、福利待遇等相关内容[①]；最后三方签订合作协议，开始履行各自的职责和权力。

签订协议后，学徒就具有学生(对培训机构来说)和学徒(对雇主来说)双重身份，签订协议的双方都不能随意终止。学徒既要接受培训机构的学习，也要接受企业的学习，在培训机构主要学习理论知识和文化知识，在企业主要进行实践技能的训练。在培训期间，培训机构、雇主和学徒会经常协商沟通，共同解决培训过程出现的问题，保证培训的完整性和有效性，确保培训质量和成效。

培训结束后，培训机构和雇主要为学徒提供考核场地，并安排学徒接受第三方考核，如考核通过，学徒即可获得资格证书，培训机构和雇主即可获得政府的经费补助；如考核未通过，学徒还可继续接受培训，直至考核通过。[②]

# 第三节　课程开发与实现机制：三方协作，三要素主导

英国现代学徒制课程开发机制的主要依据是国家学徒制构架体系，并通过不同的学徒制项目来实现。在英国，由于学徒制项目的具体内容不同，学徒制项目框架也不相同。因此，英国有多少个学徒制项目，就会有多少个学徒制框架。学徒制项目是由行业技术委员会与企业合作，根据国家职业资格标准共同开发，用来规范学徒培训的行为。虽然，每个学徒制项目的框架各不相同，但是，所有框架基本内容都由能力本位要素、知识本位要素和关键技能本位要素等三部分构成，因此，英国现代学徒制的课程开发与实现机制主要围绕这三个要素来开展。

第一，能力本位要素是指学徒必备的基本岗位能力，它是现代学徒制培训的核心。能力本位要素的课程内容主要由行业委员会与雇主共同开发，而资格与课程署及行业技能委员会负责绩效评估。[③]

第二，知识本位要素是指学徒必备的基本理论知识，学徒需要接受技术证书课程的学习与培训，并获得技术证书。课程与资格署及学习技能委员会负责技术证书课程开发，而课程与资格署及行业技能委员会负责考核与评价。[④]

第三，关键技能本位要素又称"可迁移能力"。主要包括信息技术能力、数字运用能

① 吴艳红. 英澳现代学徒制比较研究[D]. 南昌：东华理工大学，2013：37.
② 吴艳红. 英澳现代学徒制比较研究[D]. 南昌：东华理工大学，2013：38.
③ 吴艳红. 英澳现代学徒制比较研究[D]. 南昌：东华理工大学，2013：23.
④ 吴艳红. 英澳现代学徒制比较研究[D]. 南昌：东华理工大学，2013：23.

力、交流能力、学习能力与解决问题能力等。其中，信息技术能力、数字运用能力与交流能力等三种能力在国家职业资格证书课程中属于必考课程，并且只能通过专门的脱产学习才能获得。[①]

## 第四节　质量保障机制：五大机制，全力助推

为推动现代学徒制的发展，提高学徒的培训质量，英国政府主要从机构保障、法律保障、标准制订、经费保障和项目激励等五个方面来推进质量保障机制建设。

第一，机构保障机制。为推进英国现代学徒制组织架构、协调沟通和经费资助等保障机制的建设，2009 年，英国政府专门建立"国家学徒制服务中心"。政府在该中心建立了服务网站，该网站是政府为促进现代学徒制培训项目顺利实施的"一站式"服务平台。无论是用工需求的雇主，还是想成为学徒的个人，均可以通过该网站平台获得信息服务与帮助。雇主可以在这个网站平台上发布学徒制培训岗位的招聘信息，学徒者可以在网站上查询适合自己的学徒信息，并注册申请适合自己的学徒岗位。英国现代学徒制组织保障机制主要是通过国家学徒制服务中心的服务网站来完成。

第二，法律保障机制。英国比较重视学徒制的法律法规体系建设，具有比较完备的法律法规。1562 年颁布实施的《工匠法》是英国最早的学徒制法规，它规范了全国的学徒培训，规定师傅制是正规的学徒制。[②]2003 年英国政府颁布《国家现代学徒计划》。2008 年英国颁布《学徒制草案》。2009 年英国政府颁布《学徒制、技能、儿童与学习法案》，该法案是英国现代学徒制历史上第一部专门法律，标志着英国政府开始从法律层面上对现代学徒制的框架制定、资格审查以及雇佣双方权责关系等内容进行规范管理，为英国现代学徒制提供了严格的法律保障。

第三，标准制定机制。为防止企业在提供学徒制岗位的数量与标准上过多考虑企业利益，尤其是在考虑企业短期利益较多等因素的情况下，英国政府制定标准形成了长效机制。由英国政府牵头，商务、创新与技能部(BIS)、教育部、国家学徒制培训服务中心和技能资助局(Skills Funding Agency)等 5 个政府部门或机构联合，共同制定的《英格兰学徒培训的规格标准》是英国学徒制培训的最基本标准，而且它具有法律约束力。其主要内容包括：一是学徒获得资格证书应满足的学分、能力及技术等条件要求；二是学徒对雇员权责的知情度；三是学徒的学习与思维能力；四是功能性与关键性技能。该标准还规定，"中级"学徒制项目至少要完成 37 个学分、国家二级资格证书、英语一级或二级证书；"高级"学徒

① 吴艳红. 英澳现代学徒制比较研究[D]. 南昌：东华理工大学，2013：23.

② 吴艳红. 英澳现代学徒制比较研究[D]. 南昌：东华理工大学，2013：20.

制培训项目中的学徒，其资格与能力要求则是必须获得国家三级资格证书、英语二级证书等，其他方面与中级培训项目基本相同。

第四，经费保障机制。英国现代学徒制的经费属于公益性政府资助范畴，按照英国政府公益性经费资助办法来执行，经费的主要来源渠道是：由政府划拨给继续教育学院或培训机构，政府对较大企业可直接划拨学徒制专项经费。政府对三个年龄阶段的学徒分别给予不同的经费资助：政府全额承担 16～18 岁青年学徒经费；政府承担 19～24 岁成年学徒经费的一半；超过 25 岁的成年学徒经费，政府资助份额的多少则由项目所属行业的具体情况来定。

第五，项目激励机制。为实现英国技能强国的战略目标，2009 年英国颁布《英国技能战略》，同时，在工程与信息技术两个领域实施《高等层次学徒制培训基金项目(Higher Apprenticeship Fund)》。该项目要求，"高等"学徒必须获得国家四级资格证书。2010 年 4 月实施了第一轮项目，雇主与培训提供者共获得 1900 万英镑资助，支持了 1900 个相当于大学本科层次的学徒制培训项目，共有 250 位雇主得到资助。2011 年 7 月又实施了第二轮基金项目，英国政府又拨款 2500 万英镑专门用于支持高等层次学徒制培训项目，该项目主要涉及会计、航天航空、健康、路基工程、可再生能源技术、太空技术等 13 个领域。英国高等层次现代学徒制培训基金项目，为学徒和雇主带来了实实在在的利益。从雇主看，该项目已成为以雇主需求为引领的技术与技能人才开发的主要路径，成为英国解决失业问题的重要手段；从学徒看，该基金项目为 91%的青年学徒带来了利益，如学徒能力提升、工资待遇提升、激发学习兴趣与愿望等；从企业来看，该基金项目使企业获益匪浅，如节省招募成本，技能需求得到满足，为企业带来新理念、更高的工作效率和更高的工作质量等。

# 第五章

# 德国现代学徒制运行机制

德国现代学徒制是世界上开始较早而且比较典型的一种模式，受到世界各国的高度关注和普遍借鉴。本节从利益驱动机制、协调沟通机制、课程开发与实现机制和质量保障机制对其进行研究论述。

## 第一节　利益驱动机制：双元驱动，企业主体

德国基于"双元制"的现代学徒制利益的驱动是指企业和职业学校在国家法制约束和企业利益驱动下的一种运行机制。根据德国的相关法律规定，不管是否参与现代学徒制的培训企业，都必须先给联邦政府交纳中央基金，这些基金由联邦政府统一划拨分配[①]。因为按照相关法律规定，只有参与现代学徒制的培训企业和跨企业培训中心才能得到中央基金的支持经费。行业不同的培训企业、规模大小不同的企业和经济发展水平不同区域的企业，所得到经费支持的差别比较大。一般来讲，企业可得到约占净培训费的 50%～80%，符合经济社会发展趋势的培训企业获得比例更大，最多可获得 100%的经费支持。德国企业之所以参与现代学徒制培训的积极性高涨，源于对自身利益的考量，主要表现在三个方面：一是企业只要参与现代学徒制培训，联邦德国就会给予税务政策减免和优惠；二是企业通过参与现代学徒制提高企业员工能力与素质，为企业创造更多的价值；三是为企业节省培训成本。因此，企业参与现代学徒制培训实现了多赢。

德国培训企业积极参加现代学徒，除了经济利益驱动因素之外，还有对劳动力资本利益的驱动因素。从 19 世纪德国工业的迅速崛起，到 20 世纪末期成为世界上最发达的工业强国之一，其间随着德国工业化进程的加快发展，国家需要数量更多、素质更高的劳动力资源作为补充。现代工业通过生产与科学技术的紧密结合，促进了产业的转型升级，在这

---

① 叶鉴铭. 校企共赢 我们在路上：校企共同体实践研究[M]. 北京：光明日报出版社，2012：62.

一转型升级的过程中，对劳动力技术技能的要求也越来越高，因此，基于企业对技术技能型人才的需求与渴望，德国企业积极参与学徒制培训，期望技术技能型人才的培养能够紧跟产业结构调整的发展趋势，促进企业快速转型与持续发展。

德国企业积极参与学徒培训是由德国特殊的经济结构所决定的。德国的产业结构比较特殊：尖端制造业发达，机械、精密制造、电子仪器等是支柱产业，而手工业是传统产业。德国经济结构与产业结构的特点，决定了生产过程的精细化分工，专业化要求程度高，这也对技术工人的技术与能力要求越来越高。基于"双元制"职业教育学徒制培训成为德国企业提高人力资源素质，降低人力资源成本的最佳选择途径，德国企业家也认为，人力资本是保护国家未来市场安全的重要资源。

"投资职业教育就是投资未来"已经成为德国企业界从事现代学徒制的共同愿望。德国企业家还认为，不承担职业培训的企业是完全没有前途的企业，承担学徒制培训能够提高企业的产品质量、保障企业的市场竞争力和维护企业的既得利益。德国企业愿意承担现代学徒制培训的合理费用，对相关培训提供财政预算，积极建立职业教育学徒制培训机构，并组织专职人员开展现代学徒制培训。德国人普遍认为，坚持现代学徒制培训是企业集聚人力资源的优先选择，这种意识觉醒得越早，企业付出的各种代价就会越小。

德国《联邦职业教育法》对学徒制培训的经费投入机制有明确规定，除了企业内的学徒制培训经费由企业承担，跨企业培训中心的经费由联邦政府、联邦职业教育研究所、联邦劳动局和行业协会共同承担外，职业学校的培训经费由州政府承担。德国现代学徒制中"双元"的另外"一元"是职业学校，职业学校只要按照相关的法律规定，完成学校应该完成的学徒培训任务即可，在经费投入上不需要承担任何风险，因为，职业学校的培训经费全部是由各州政府以及地方教育主管部门共同承担。职业学校的经费主要包括教师工资和硬件建设经费，其中，教师工资及养老等由州政府承担，校舍、设备等硬件费用由地方教育主管部门承担。[①]

## 第二节　协调沟通机制：多元参与，利益均衡

基于"双元制"的德国现代学徒制坚持"协调沟通"和"利益协调"的原则，德国现代学徒制的利益相关者主要包括：联邦政府的教育与研究部、主管经济的各部委以及联邦职业教育研究所；联邦州政府的教育与文化事务部、经济行政部门和州政府教育与文化事务部长联席会；行业和地区的各个行业协会；还有培训企业和职业学校，他们是现代学徒制的直接参与者和实施者。在德国"双元制"职业教育学徒制推进与实施过程中，建立了

---

① 关晶. 西方现代学徒制研究[D]. 上海：华东师范大学，2010：75.

十分完善的协调沟通平台与机制。

第一，立法职责权限的沟通机制。德国现代学徒制之所以成为世界典范，其主要原因是建立了立法职责明确的协调沟通机制。政府通过立法明确现代学徒制的法律地位和参与主体的责任、权利和义务。一是德国《联邦职业教育法》，不仅明确规定了培训企业在现代学制推进中的职责与义务，而且在德国政府和州层面也分别有相应的法律法规检查与监督职业学校学徒制的开展与实施情况。二是德国通过立法为现代学徒制发展提供经费支持。德国学徒制的经费来源主要由国家与企业(包括跨企业培训中心)来承担，学徒制培训经费受国家法律的严格保护。培训费、资料费和学徒工资基本由企业承担，小企业(雇员不超过20人)还能够获得国家经费补贴。国家及州政府共同承担职业学校的学徒制经费。

第二，政府管理职责的沟通机制。一是德国对职业教育现代学徒制实行宏观管理和自治管理有机结合的沟通机制。德国"联邦职业教育机构(BIBB)"是国家统筹管理现代学徒制的最高机构，对现代学徒制实行宏观管理，通过制定政策与指导协调来解决学徒制实施过程中的共性与普遍问题，从而保证国家学徒培养规格的相对统一。与此同时，联邦州政府是现代学徒制具体实施机构和监督机构，对现代学徒制实行自治管理，充分发挥州政府的协调沟通与监督作用，不仅负责监督职业学校教学、企业培训以及财政拨款的使用效率，而且，负责协调行业协会、企业、学校之间的关系。二是德国构建了以行业协会为主的联邦、州、地区三级学徒制管理机构及沟通机制。联邦一级进行宏观管理，主要职责是制定颁布法律法规及国家统一的职业培训标准；州政府一级管理与监督学徒业务培训；地区一级由各类行业协会负责管理学徒培训工作。行业协会是联邦德国地区一级现代学徒制开展自治管理最为重要的组织机构，在德国具有"公法人"的特殊地位，不仅使行业协会能够履行法律授权，而且在履行职责时有如同政府一样的权威，在沟通管理过程中行业协会具有至关重要的话语权。[①]

第三，利益均衡的沟通机制。德国现代学徒制建立在利益均衡的合作机制之上，德国利用"新社团主义(neo-corporatist)"来规范组织现代学徒制运行，"新社团主义"既被政府赋予其管理集体利益的权利，又同时兼顾了工会、雇主、学校的共同利益，这个组织在政府与市场之间架起了利益均衡、利益博弈与利益协商的桥梁。[②]在德国现代学徒制中，虽然政府、工会、各个行业协会与学校承担的职责不尽相同，但是它们通过沟通协商的平台与制度，最终使他们对学徒制趋向一致的意见。在这些具有不同职能的组织机构中，除联邦政府、州政府和学校之外，行业协会主要代表雇主的利益，而工会主要代表学徒的利益。

在"双元制"职业教育现代学徒制的诸多组织与管理机构以及制度规范管理进程中，

---

① 李梦玲. 中西现代学徒制比较研究：基于政府职责视角[J]. 职业技术教育，2015，36(07)：29-34.

② 关晶. 西方现代学徒制研究[D]. 上海：华东师范大学，2010：85.

体现了多方利益均衡的合作、协商、沟通机制。比如，联邦职业教育研究所组建的领导委员会，其成员由雇主代表、工会代表、联邦政府代表以及州政府代表等按照一定的比例构成，对现代学徒制的运行发挥重要的指导和协调作用；各行业协会组成的职业培训委员会(包括雇主代表、雇员代表与职业学校教师代表等)对州政府的职业教育现代学徒制相关事宜提供咨询建议；考试委员会的成员由相同数量的雇主、工会代表和至少一名职业学校的教师代表等组成，并对现代学徒制进行考试、考核与评价。学徒津贴与学徒工资是由雇主和工会集体协商来确定的。德国《职业培训条例》是规范现代学徒制的重要制度，它在制定与实施中也充分体现了沟通协商机制。总而言之，德国学徒制的发展与完善都无不渗透着各利益相关者进行博弈与沟通进而达成一致的过程。

第四，培训税征收的沟通机制。政府与企业界就征收培训税展开博弈、沟通与协商。2004 年 5 月德国政府通过了《保证培训岗位供应法案》，该法案准备对两种企业征收培训税，一是对 10 人以上雇员企业征收培训税，二是对学徒占所有雇员比例少于 7%的企业征收培训税。该法案的颁布引起了企业界的公开反对，鉴于德国绝大部分的中小型企业都不可能单独承担学徒制培训工作，因此企业界认为这只会导致企业培训的岗位越来越少。为了阻止联邦政府推行这种培训税政策，政府与雇主双方沟通协商，最后达成妥协意见。一方面，政府同意不实施该法案，另一方面，雇主同意联邦政府推行新的"国家技能与培训一揽子计划"，雇主承诺未来三年每年增加 30,000 个学徒岗位。[①]

# 第三节　课程开发与实现机制：职业导向，企业参与

《联邦职业教育法》和《联邦职业教育促进法》是德国职业教育学徒制课程开发与实现的基本法规，而联邦各州、地区的法规制度作为课程开发与实现机制的重要补充，最终由德国各州文教部长联席会议、行业协会与企业、雇主共同承担现代学徒制的课程设计、开发与实现。

德国"双元制"以职业分析为导向，以职业活动为核心开发学徒制课程。这种以职业活动为核心的课程开发模式，对学徒者职业知识、职业技能与职业能力的培养有重要促进作用。以职业活动为核心的课程设计与开发理念始终贯穿在德国企业参与职业教育课程开发的全过程之中，主要表现为以职业活动为中心选择课程内容，构建课程体系与结构。从横向来看，主要包括文化课、专业课及实训课三类课程。这三类课程一方面突出技能培养，

---

① Tremblav，niane-Gabrielle&Iréne Lebot. The German dual apprentieeship system analysis of its evolution and present challenges[R]. Montréal: télé-université, Université du Québec, 2003: 13.

另一方面又有利于学生的分析与解决问题能力的提高。①从纵向来看，把所学课程分为基础课程、专业课程和专长课程三个层次，而且围绕着职业活动，从泛到精、由浅入深，呈阶梯螺旋式上升。德国企业参与学徒制的课程开发，更加注重职业活动、职业经验以及职业技能的训练。

## 第四节　质量保障机制：法律为先，行会参与

德国现代学徒制中，无论是利益驱动机制、协调沟通机制，还是课程开发与实现机制，最终都需要质量来保障，因此，德国从法律制定、行会参与、经费支持和考试标准等方面建立全面的质量保障机制，来保证现代学徒制的规范运行与正常开展。

第一，构建完备的职教法律法规体系，为现代学徒制提供法律保障。继 1969 年颁布了《职业教育法》后，又相继颁布了《职业教育促进法》《手工业条例》《青年劳动保护法》和《企业基本法》等相关法律法规，规定企业有责任承担学徒培训义务，并对学徒培训的期限、工作时间、试用期、学徒报酬等做出明确规定。1981 年对《职业教育法》进行了修订，并颁布了《职业教育促进法》。2004 年又修订合并《职业教育法》(1969 年)和《职业教育促进法》(1981 年)，2005 年新修订的《职业教育法》开始实施，2007 年德国对该法律又进行部分修订。新的职业教育法对德国职业教育及其职业教育学徒制予以法制化、规范化和现代化，更加符合德国职业教育的发展趋势，并呈现出教育企业与职业学校、教育部门与经济部门、教育研究与管理研究之间的紧密结合等三大特点。②完备的职教法律法规体系为德国职业教育现代学徒制提供了强有力的法律保障。

第二，构建完善的行会制度体系，为现代学徒制提供制度支撑。虽然德国职业教育现代学徒制以企业为主体，行业协会实行自治管理，但是行业协会也发挥着不可替代的作用，德国职业教育培训是通过行业协会强化实施"学徒制"的监督管理来完成的。行业协会在学徒制的管理中承担的职能包括：承担学徒培训企业的资格认定和监督，负责学徒的考核，规章制度的制订，学徒制的监督和咨询等。德国行业协会一般对学徒制人才培养的过程以及结果的质量监督较为严格。例如，所有学徒的合同均需要在行业协会注册，行业协会同时委派专门的培训顾问对培训的开展进行监督。学徒只有通过行业协会组织的中期考试、毕业考试以及资格认证考试，才能最终完成学徒制培训。③

① 叶鉴铭. 校企共赢 我们在路上：校企共同体实践研究[M]. 北京：光明日报出版社，2012：67.

② 姜大源. 当代世界职业教育发展趋势研究[M]. 北京：电子工业出版社，2013：12.

③ 关晶. 英国和德国现代学徒制的比较研究：基于制度互补性的视角[J]. 华东师范大学学报(教育科学版)，2017，35(01)：39-46+118.

第三，构建经费保障制度，为现代学徒制提供资金保障。德国现代学徒制的经费主要由国家和企业共同承担，并受法律保护。基于"双元制"的德国现代学徒制以企业为主体，企业在学徒制中承担师傅工资、学徒的工资以及设备、原材料等经费支持，同时还为学徒提供设备培训场所等。

第四，构建质量评价体系，为学徒提供质量保障。为保障现代学徒制的质量，德国建立了客观公正的考核体系与评价机制。行业协会承担学徒制的考试工作任务，并由行业协会负责组织成立专门的考试委员会，委员会的成员由雇主联合会代表、工会代表及职业学校教师代表三方组成，其主要职责是组织制定考卷、监考及评分，从而能更加客观地评价学徒的培训质量。因为这种第三方考核评价机制的客观性、规范性、透明性和公正性，所以德国现代学徒制的结业证书，不仅联邦德国承认，而且在欧共体的一些国家也认可。[①]

---

① 叶鉴铭. 校企共赢 我们在路上：校企共同体实践研究[M]. 北京：光明日报出版社，2012：68-69.

# 第六章

# 澳大利亚现代学徒制运行机制

澳大利亚作为英国的殖民地，在学徒制方面仿效英国。在 20 世纪 70 年代后，澳大利亚大力发展学徒制，逐渐形成了特色路径。[①]20 世纪 80 年代早期，澳大利亚经济出现疲软，人们认为其重要原因是没有重视培训体系。因此改革者更加注重学徒制的培训机制以适应行业需求，改善职业资格证的认可度和便利性，建立以国家认证培训为基础的国家职教培训体系，在 1985 年将"国家受训生制"正式纳入法定的职业培训体系。而随着全球化对产业结构的影响，传统学徒制和受训生制度渐渐无法满足新的劳动力市场需求，1998 年，霍华德政府将传统的学徒制和国家受训生制度合并升级改造，统一称为"新学徒制"。通过二十多年的实践证明，澳大利亚的学徒制成为培养应用型人才的实用性、针对性很强的职业教育途径，并且取得了瞩目的成就，其运行机制值得挖掘和学习。

## 第一节　利益驱动机制：政府资助，市场导向

首先，制定政策吸引行业企业积极参与学徒制。澳大利亚政府一系列促进行业企业参与职业教育的政策对澳大利亚职业教育的发展起到了积极的影响。《行业培训战略计划》是推动公司和企业参与职业培训和教育的重要政策。政府先后出资成立了 11 个行业技能委员会以及澳大利亚汽车技能协会、州际技能联系网络组织、学徒制和培训生项目等不同的机构和项目。2011 年 12 月 6 日高等教育、技能、就业与劳资关系部公布了学徒制改革计划，核心部分是激励计划改革，主要包括：基础性激励、针对性激励、雇主激励、个人补助、成人学徒支持项目五类。[②]州政府资助学徒制培训费用的 60%，联邦政府资助 40%。雇主培训能得到一定的资助，学徒会得到工资并拥有一定的贷款支持。[③]政策激励的对象涵盖学

① 关晶. 职业教育现代化学徒制的比较与借鉴[M]. 湖南：湖南师范大学出版社，158.

② 杨骁瑾，赵文静. 澳大利亚学徒激励计划改革研究[J]. 教育导刊，2011，(11).

③ 李玉静. 国际视野下我国学徒制的未来发展：德、英、澳、新学徒制发展特点及对我国学徒制发展的建议[J]. 职业技术教育，2015，36(21).

徒、教师(专兼职)、学校、其他培训机构、行业企业等。多层次，涵盖面广的奖励制度在价值认同、培训盈余、经济激励、形象奖励等方面提升了澳大利亚行业企业参与现代学徒制的意愿与行动。在经费方面，澳大利亚政府给予"现代学徒制"培训经费的支持也高于其他项目，澳大利亚政府对学徒培训系统投入了大量资金，每年大约为 12 亿澳元，这也极大调动了各方参与培训的主动性和积极性。

其次，用户选择，市场导向，公平竞争。为更好地保障新学徒制培养质量，充分利用社会优势资源，澳大利亚政府特别重视将竞争性机制引入到新学徒制培养中。澳洲政府放开培训市场，重组培训机构，充分发挥社会和各行业开展职业培训的积极作用。只要经国家培训局(ANTA)认可，任何机构、企业和个人都可承担学徒培训，政府一视同仁地给予经费支持，对招收学徒培训的企业，则在税收上给予优惠。充分运用市场机制作用，以市场需求为导向，采用商业化拨款方式，对学徒培训市场进行杠杆管理。依据学徒数量、开设课程及质量、学员结业后的就业率高低和收入多少来划分等级和拨款数量。如果培训质量下降，将减少投资，鼓励职教培训机构的良性竞争。[①]在选择注册培训机构方面，澳大利亚政府引进了"用户选择"的竞争机制，该计划肇始于 1997 年，澳大利亚联邦政府和各个州对于参与学徒培训的个人开展资助政策，政府按照市场的需求、现代学徒的就业率和收入水平进行资助，对培训机构的资助主要是依照学员结业以后的就业率的高低和收入的多少来确定。具体而言，企业和学徒都可以自己自由选择适合自己的注册培训机构，并且学徒可以自主选择培训的实践与内容。如果对培训质量不满意，可以选择更换培训机构，政府的补助会相应转移到新的培训机构。政府对培训机构的资助主要受学徒的选择、机构培训人数等因素影响。为了留住学员，培训机构注重提升质量，增强行业竞争力，以获得相应的补助，促使注册培训机构能够持续提高自己的教学质量以及服务水平。

再次，行业企业认同学徒制价值，并乐意参与。在澳大利亚，行业企业对参与学徒制持积极态度。一方面，行业企业对学徒制有统一的价值认同。企业通过学徒的工作表现，考察未来的员工，认为学徒制可以为自己孵化出需要的技术培养出管理熟练的人员，企业主认为学徒培训提高了工作效率，因此非常满意。另一方面，从长远来讲，学徒培训收益远大于学徒培训成本。学徒制初期的培训成本一般高于培训收益，但随着学徒成熟度的提高，其培训收益必然超过培训成本并为企业带来盈余。企业雇一个学徒，支付工资低，学徒的其他保险、福利、培训费由政府支付，雇主每签订一份学徒合同，政府给予 1500 元奖励，成功完成一年再奖励 1000 至 1500 元。[②]另外，澳大利亚政府还提出一系列激励计划，如雇主激励计划：在学徒培训过程中，如果雇主提供的培训课程可以让学徒拿到二级资格证书，

① 马俊涛. 澳大利亚新学徒制对我国职业教育集团化办学的启示[J]. 基础教育改革动态，2009, (6).

② 陈洁梅. 澳大利亚职业教育 TAFE[J]. 外国中小学教育，2008, (01).

就可获得 1250 澳元的奖励；如果学徒拿到的是三级资格证书，雇主将会获得 1500 澳元的奖励。[①]这既提高了企业的积极性，又解决了学生学费和就业问题。如果雇主把更多的学徒安排到技术短缺行业进行培训，会得到政府更多奖励。

最后，普通教育和职业教育贯通，学历等值。澳大利亚的学徒制和学校教育具有同等的地位，它建立了高中、高职、大学及成人教育之间纵向衔接、横向融通的立交桥，即"澳大利亚资格框架"(AQF)。义务教育之后，澳大利亚在教育和培训方面构建了一个全国统一的、与工作岗位相对应的教育和培训证书体系，为学习者提供了接受更高级别教育的机会和权利，实现了不同层次学历、不同领域培训、教育与培训之间的相互衔接与贯通。AQF 共有 12 级资格。在普通高中教育阶段，学生就可以选择一级证书和二级证书要求的职业教育课程。澳大利亚职业教育和高等教育实行学分制，高中毕业进入技术与继续教育学院(TAFE)或培训机构，在高中阶段的职业教育课程学分将得到承认，可以直接学习后续的课程模块。学生从 TAFE 或培训机构毕业后，也可以进入大学学习，他所学习的相关专业课程将视大学的专业情况全部或部分得到承认，不再重复教育，资格证书制度具有较大的灵活性和适应性。可见，澳大利亚的教育与培训之间、普通教育与职业教育之间相互衔接，互认学分，使得不同的层次、不同形式的教育之间相互沟通、补充和交叉，满足学生和学徒个性化学习的需要和职业培训的需要，为学生提供了灵活、透明、系统的学习通道，破除了不同教育领域之间的障碍，同时学历资格框架对接国际标准，支持毕业生和工人的国际国内流动，使学徒可以得到良好的发展和深造的机会。学徒制的优势地位和畅通的发展通道，对学习者充满了吸引力。

## 第二节　协调沟通机制：通力合作，职责清晰

国际劳工组织(ILO)研究提出，现代学徒制需要政府、雇主、工会和学徒之间开展可持续的对话，以便有效应对和解决学徒制开展中的问题，同时各个利益相关者之间要有明确的角色定位和职责界定。在学徒制的管理上，澳大利亚的就业部门、经济部门、雇主组织等越来越多地参与教育的管理和决策。教育部门与就业部门、工业部门、雇主组织等通力合作，建立了良好的协调沟通机制，这成为学徒制改革和发展的重要保证。

首先，澳大利亚建立了推行和管理学徒制的政府组织机构。这些机构专门负责学徒制的实施、运行发展的一切事务，各个利益相关者之间具有可持续发展的对话机制。学徒培训主要由联邦教育部和各州/领地培训局负责。在国家层面，澳大利亚设有职业与技术教育部长委员会，该委员会负责职业教育的战略制定、政策法规和发展规划，监督各州的学徒

① 陆志慧. 澳大利亚新学徒制及对我国学徒制教育的启示[J]. 教育与职业，2017(6).

培训情况，同时处理跨地区的职教问题。该委员会下设国家质量委员会，其成员来自政府、行业、工会、雇主及培训组织的代表，职能是负责职业教育管理的具体事务，包括负责注册培训机构的资格审核、跟踪调查，对培训课程进行认证，同时收集、分析和公开相关的信息等。各州政府则负责本州学徒培训的具体事宜，为了使学徒制度更具有可操作性，联邦政府在 2015 年建立学徒帮助网络，各州设立了 300 余所学徒制中心，免费为雇主和学员提供"一站式"服务，包括为雇主和学徒牵线，帮助学徒培训机构与学徒签订培训协议，帮助学员了解工资待遇和工作条件，帮助学员合理安排培训活动和签署培训合同，落实学习期间的福利待遇等。

其次，发挥行业、企业在学徒制培训中的作用。澳大利亚学徒制最显著的特点就是各个层面上与行业委员会、企业等深刻互动。在国家层面设立了国家培训局(Australian National Training Authority，简称 ANTA)，在培训局的统筹下，建立全国性行业培训咨询委员会，通过这些行业组织，了解就业需求、研究制定职业能力标准、出台相关培训政策、筹措学徒培训费用、参与职业培训工作等。各个州都成立由不同行业组成的培训咨询委员会，以此联系大小企业，进而协调政府、行业和企业的关系，为政府提供企业的人才需求信息以及政策建议，把政府的政策传递给企业。

再次，为了使学徒培训时能听到更多来自行业的声音，确保高效培养行业所需人才，澳大利亚政府在 2015 年 5 月成立了行业技能委员会，委员会包括：国家、州和领地部长提名的各个行业领导者，澳大利亚商业和产业理事会、澳大利亚商业委员会和澳大利亚产业集团的轮值委员以及政府的高级官员。行业技能委员会主要发挥枢纽作用，对于行业来讲，它掌握着行业发展的最新进展，为行业发展营造了良好的政策氛围，同时开展学徒培训，为行业吸纳诸多所需人才，促进行业发展。另外，它又为学徒培训提供技术、资金、场地等方面的支持，将行业人士的意见吸纳并转化到培训包中，可以持续更新和升级培训包。

最后，有力发挥学徒培训的第三方机构的功能。澳大利亚的学徒制培训不仅涉及学校和企业，还有第三方机构——集团培训公司(Group Training Companies，简称 GTCs)。对于一些中小微企业无法承担学徒培训任务和雇佣风险的时候，集团培训公司会承载这一功能。它负责雇佣学徒和受训生，并且安排脱产培训，向雇主推介，而雇主向培训公司缴纳服务费，且获得各级政府的财政资助。

# 第三节 课程开发机制：框架统一，行业主导

首先，科学开发培训包，并作为全国统一的培训框架。澳大利亚政府对现代学徒制的重视，提升到了国家战略层面，最为明显的就是制定了全国统一的、规范的学徒制课程框架——培训包。澳大利亚的"培训包"是职业教育和培训机构开展培训的指南，是全国范

围内的强制性、统一性的课程框架，为澳大利亚职业教育培训提供了依据，为职业技能认证提供了标准，为职业教育教学提供了法规。培训包详细地规定了学徒完成培训后需要具备哪些知识和技能，以及教育和培训的内容与方法。培训包由国家行业技能委员会、行业机构或企业共同开发，其开发路径为：澳大利亚国家培训局委托行业培训机构开展行业人才需求分析，行业培训机构组建专家力量制订开发程序，提出框架，经过各方认可之后，进行公开竞标撰写培训指南，然后经过国家培训质量委员会审核之后，行业培训机构根据国家培训质量委员会的意见对培训包内容进行修改，再次提交国家培训质量委员会审定，认可之后印刷与执行。由于培训包以行业为主进行开发，比较容易被行业普遍接受。

其次，认证资质全国通行。培训包分为国家认证部分与非国家认证部分组成。国家认证部分是主体部分，含有能力标准、资格框架、鉴定指南；非国家认证部分没有纳入培训指南，由职业学院、培训机构、有资质的企业等组成，包含学习策略、鉴定依据、教辅材料等内容。由行业技能委员会(或企业)开发的培训包被"国家质量委员会"认可和采纳后，就作为国家技能框架内的全国行业培训进行统一发布，作为澳大利亚各级各类职业院校、培训机构设计开发培训课程的共同依据。根据国家颁布的全国行业培训包开发的课程及由此颁发的职业资格被全国承认，不需要再认证。学徒和受训生在培训完成并认可合格后，就可以获得全国行业认可的资格证书，不但能够全国通行，而且还能够和其他的职业资格进行等级方面的比较。

再次，课程内容与岗位需求匹配。一方面，澳大利亚学徒制课程以市场驱动为依据，动态性地进行课程设置，对相关知识和技能进行分解并组成模块，在实际培养中按照模块进行教学，这样就避免了新知识和新技能更新缓慢的缺点，防止了盲目求全的"填鸭式"培养。全国范围内的培养单位可以在通用型"培养包"的基础上，根据自身专业的培养特点、岗位特征和市场环境等因素设置具体的培养体系，也可以根据本机构的专业特色、岗位特征等因素进行其他技能的拓展，使得学员可以掌握通用技能和专用技能。这样的实践操作使学徒制培养课程更加注重实际能力的培养，既具有通用性，又兼顾了实际需求，强调与具体的岗位环境相匹配，防止了培训的"一刀切"，相比之下更加务实。另一方面，全国行业培训包每三年进行一次评估和更新，以满足行业发展变化的需要和解决培训包实施过程中出现的问题。学徒制培养机构须根据专业就业情况、市场需求量、学员收入等因素对培养课程进行综合设计，避免知识陈旧落后和技能的重复性培养，使学员的专业技能始终与市场实际需求挂钩，避免"市场需要人才，但人才无法满足市场"的矛盾。

最后，课程实施形式灵活。澳大利亚的学徒制模式多元，分为全日制学徒、兼职学徒和校本学徒，可以开展脱岗培训、工作+培训以及理论学习+技能培训。澳大利亚实施职业技术教育与培训的机构也比较多元，包括 TAFE 学院、部分私立的培训机构、成人社区教育机构和企业技术培训中心。其中 TAFE 学院是澳大利亚政府资助的最大的公立职业教育与培训机构，主要由各州政府管理。另一方面，课程实施形式多样，即学徒制培训可以实行分阶段式的弹性学习，可以一次性完成培养，也可以分阶段完成，以全日制或者半全日制的形式进行培养，也可以利用业余时间进行培养。企业可以在学徒培训的内容、方式方法及培训的时间安排上有自主权限，这就大幅度增加了企业参与热情。

# 第四节 质量保障机制：标准严格，能力本位

澳大利亚新学徒制覆盖面广，学徒规模不断扩大，且学徒选择高一级的学徒培训的人数越来越多，同时培训水平也在逐步提升，学徒培训成效显著，学业的完成率和就业率在不断提升。这些主要归因于澳大利亚实施了一系列的学徒制质量保障策略。

首先，建立了质量培训框架体系。2001年澳大利亚成立了技术质量管理局(ASQA)，该机构的主要职责是监管学徒制培训质量，涉及注册机构管理、培训资格认定、培训课程管理等。为了对学徒培训开展标准化的指导，加强对培训内容的监督，在2001年，经过国家培训署的批准，于2002年开始全面实施质量培训框架体系(AQTF)，该框架是通过制定国家标准，规范注册培训机构(RTO)的办学行为，监控其办学质量，同时也为各个州在培训机构注册、审计、课程开发认证等提供准绳，它也和培训包、资格认证框架共同构成了澳大利亚国家培训框架(ANTF)。在2007年，澳大利亚联邦制政府对AQTF进行了修订和改革，改革后的质量培训框架主要包括基本标准和其他标准，基本标准涵盖注册标准、地方机构资历认证标准和卓越标准，其他标准涵盖培训课程标准、地区课程机构认证标准。[①]质量培训框架要求学徒制培训机构，如果要颁发资格框架下的资格证书、开展培训和技能鉴定，首先要根据要求注册，只有注册其办学资质才会得到全国认可，其注册标准有12条(财务管理、其他RTO的资格承认、培训包修订的有效期、财务管理、遵从立法等)，主要指标是教学要求、考评要求、资源配置。培训机构注册的有效期一般是5年，各州之间对其资质均是认可的，注册的培训机构可以跨州开展培训，学员在这种注册机构中取得的资格证书是全国通用的。各个州(领地)的注册机构负责培训机构的登记、办学质量评估和审计。对注册培训机构提供的职业教育和培训的质量指标，主要从雇主满意度、学习者满意度、能力资格达成率三个方面进行检测。总之，AQTF的各项标准主要致力于保障澳大利亚全国的职业教育与培训在品质、运作上保持一致。

其次，具有清晰、连贯的国家政策和法律法规。澳大利亚将立法作为其职业教育改革发展的基石，除了基本法之外，还会根据经济社会发展形势，适时推出与之配套的法案、法令，这使得职业教育和培训的一系列改革有法可依，有章可循。在学徒制方面也注重立

---

① 王伟巍. 澳大利亚"新学徒制"改革研究[D]. 大连：辽宁师范大学，2014.

法和政策引导，以此保障学徒制高质量运行。国家、州(领地)层面分别有相应的学徒制法律法规，如《澳大利亚技能保障法》(2008 年)、《职业教育与培训管理法案》(2010 年)、《职业教育与培训法案》(1996 年，西澳大利亚)、《澳大利亚技能保障法》(2010 年，昆士兰)、《学徒制与受训生制法案》(2001 年，新南威尔士)、《教育与培训改革法案》(2006 年，维多利亚)以及《培训与技能开发法案》(2008 年，南澳大利亚)等。这些法规主要涉及学徒申请的程序、学徒义务、脱岗培训要求、培训条件与报酬、雇主义务、学徒转学或者中止学徒培训规则、雇主和学徒的争议处理途径等。[①]

再次，培训突出能力。2004 年澳大利亚出台的《塑造我们的未来：澳大利亚职业教育与培训国家战略 2004—2010》中提出，国家的职业教育与培训的战略目标是通过培训使澳大利亚人获得一流的技能和知识，从而为本国在世界经济竞争中提供优质劳动力。澳大利亚将劳动力的技能和生产能力与国家的未来紧密连接在一起，因此，澳大利亚的学徒制是基于能力本位的。2002 年在澳大利亚商管会(ACCI)和商务委员会(BCA)大量的社会调查基础上，发布了《未来就业所需的能力》白皮书，提出了含有 8 种能力、13 项个人品质的全国统一就业能力框架。这些能力包括"沟通""团队合作""解决问题""创新创业""自我管理"和"规划与组织"等。这些一般性的、不与某项具体工作相关的关键能力，更强调劳动者的综合能力培养，有益于劳动者高效工作、后续的继续教育和社会生活。此外，为了鉴别学徒能力，澳大利亚还具备完备的学徒能力鉴定体系。在学徒能力证明方面通常通过三种方式进行能力证明：一是直接证据，指鉴定者在现实工作岗位或模拟工作环境下，亲眼看到学徒完成任务的真实情景；二是间接证据，指鉴定者判断学徒能力时，不是亲眼所见，而是根据学徒提供的工作报告、实际案例、已完项目、师傅鉴定、资格证书等用以证明自己能力的证据；三是补充证据，指学徒为了证明自己能力，在规定证据之外，提供工作日志、第三方评价、能力说明支撑材料等。通过收集证据、依据标准做出评判、评价学徒能力、检查鉴定结果，最终形成对学徒能力鉴定的结论。

最后，学徒培训的师资要求高。一是，澳大利亚学徒培训师资标准包括职业教育教师职业资格证书、专业职业资格证书、3～5 年的行业工作资历三个条件，三个条件缺一不可，其中尤其注重实践经验且审查严格；二是，专任职业教育师资特色鲜明，如必须是高学历，注重教学能力，重视专业实践经验等；三是，兼职教师报酬丰厚地位较高，在澳大利亚由于教师地位普遍较高，报酬也好，尤其是兼职教师待遇又高于专任教师，所以吸引了大量专业技术人员愿意应聘兼职教师，保证了学徒制的培养质量。

---

① 左颜鹏，李娅玲. 澳大利亚现代学徒制的发展历程、成效与优势[J]. 职教论坛，2019(04).

# 第七章

# 美国现代学徒制运行机制

作为世界上最发达国家,美国自 1937 年颁布《国家学徒制法案》(National Apprenticeship Act)以来,经过一百年多的发展,政府、学校、企业、学徒等多元利益相关主体不断加强合作,逐步建立了以注册学徒制为主要典型的现代学徒制度。注册学徒制始终能够成功地适应工人和雇主不断变化的需求,同时也从未偏离一个核心信念,即结构化的将在职培训与相关的课堂教学相结合,提供从低工资入门职位到技术性工作的结构化职业发展,是确保美国工人仍然是世界上最熟练、最训练有素的劳动力的最佳途径。[①]深入剖析美国现代学徒制,可以对我国现代学徒制发展提供良好的经验。美国现代学徒制以注册学徒制为具体形态,基于制度社会构建而言,其本质上是多方利益相关者围绕合作过程(合作如何开展、如何达成、如何进行、如何实现)相互作用关系而形成的一种跨界合作制度。具体表现为围绕着合作如何开展、如何达成、如何进行、如何实现等四个环节,构建了利益驱动、协调沟通、课程开发与实施、质量保障四个维度的运行机制。

## 第一节 利益驱动机制:市场主导、政府推动

美国学徒制最早源于被殖民时期对英国和欧洲的模仿。20 世纪初,美国经历了前两次工业革命,蒸汽机和电力技术得到了广泛应用,社会进入大规模化的机器工业生产时代。而传统学徒制由于培养周期长、教育效率低下,难以满足技术快速变革对于技术工人的新要求;传统的师徒关系,也受资本主义生产方式下的劳资关系的挑战,学徒沦为廉价劳动力。伴随着无产阶级对于民主和正规教育的呼声,以机械讲习所、手工劳动学校等为代表的学校职业教育逐渐走上职业教育的舞台,传统的学徒制逐渐走向衰落。[②]

20 世纪初期以来,随着学校职业教育与工作世界脱离等问题的暴露、进步主义教育运

---

① Rauner F, Smith E. Introduction: Rediscovering Apprenticeship[M]. Springer Netherlands, 2010.

② 关晶. 西方学徒制的历史演变及思考[J]. 华东师范大学学报(教育科学版),2010,28(01):81-90.

动的兴起以及 30 年代经济复苏计划的刺激,学徒制技能人才培养功能获得重新审视,美国开始强化了学徒制的自主探索和制度化建设,并形成了以注册学徒制为主要典型的现代学徒制度。1911 年威斯康星州第一个建立了注册学徒制体系。特别是,20 世纪 30 年代美国经济复苏战略对人才增长的需求,促进了注册学徒制的发展。1933 年美国颁布《国家工业复兴法》,要求各工业协会和联邦复兴管理局共同协作制定各种行业规范,这也为在职培训和学徒制体系建设提供了新平台。《国家工业复兴法》中规定了建筑等部分行业的岗位培训和学徒制规章制度。①

美国现代学徒制实现了企业岗位在职培训与社区学院等的理论教学的制度化合作,参与者包括联邦政府、企业雇主(联盟)、社区学院和学徒等多方主体,其内在动力为市场主导、政府推动。

首先,美国现代学徒制发展受市场主导,以注册项目形式开展。美国注册学徒制的发展,主要源于市场需求,即有着技术技能人才需求的企业雇主或者雇主联盟,以注册项目形式,发起注册学徒计划,只要有一套验证过的行业标准并起到"工作程序"的作用,政府管理部门审批通过后,就可以开展学徒制培养。美国注册学徒计划可以出集体谈判协议签署方的工会和雇主联合发起,也可以由雇主单方面发起。无论哪种,市场需求都是注册学徒制发展的内在动力。注册学徒制最初发端于建筑业和制造业等传统职业领域,而后随着市场技术技能人才的需要,逐步扩展到电视导演等非传统职业领域。②当前美国现代学徒制已经有 1000 多种职业领域实现了注册学徒制培养。学徒制培养规模也不断扩大,2017 年美国企业雇主提供了 70 多万个学徒岗位。美国注册学徒制市场主导的内在驱动力主要源于市场技术技能人才的缺乏。企业通过注册学徒制不仅节约了雇主的用人成本,提高了学徒入职后忠诚度,而且还获得政府的培养补贴。③有调查表明,68%的企业声称学徒对企业的生产力发展做出了贡献。

其次,美国现代学徒制发展得到了政府的有力推动。美国联邦和州政府在注册学徒制的发展过程中发挥着宏观管理和调控作用。联邦政府通过完善法律、健全组织机构、推进专项计划等各种手段有力地促进了注册学徒制的发展。在完善法律法规方面,1937 年颁布的《国家学徒制法》推动了注册学徒制规范化发展。该法案明确了联邦劳工部管理和协调全国学徒制事宜,并成立专门管理机构——学徒制办公室,与各州学徒相关机构协同管理全国学徒计划。同时,美国成立了学徒制国家咨询委员会,其主要责任是对学徒制计划最低标准进行研究与起草。《国家学徒制法》的颁布,标志美国将学徒教育正式纳入联邦政府法制管理,

---

① Institute A. Recasting American apprenticeship: a summary of the barriers to apprenticeship expansion research project[J]. 2016.

② 康托美杰 A. 美国 21 世纪学徒制[M]. 北京:中国劳动社会保障出版社,2016:151.

③ 教育部调研团,葛道凯. 美国生涯与技术教育调研报告[J]. 中国职业技术教育,2016,(01):23-39.

推动了企业岗位学习和职业学校学习相结合，对美国现代学徒制产生了决定性的影响。

2008 年《国家学徒制法》的修订，丰富了现代学徒制的发展内涵，提高注册学徒制度的可移植性和灵活性，主要举措包括：要求各州在互惠的基础上接受其他州所适用的个人学徒资格标准，增强了学徒制的可移植性；允许项目缩短培训计划，并允许为符合条件的学徒发放简便的临时认证，增加其灵活性；新增"基于能力的培训模式"和"混合培训模式"，同时保留传统的"基于时间的培训模式"；在评估培训项目质量时，引入"完成率"作为评价指标完善绩效标准。[①]

在健全组织机构方面，美国在《国家学徒制法》颁布后，组建了联邦学徒办公室和州学徒管理机构，以及学徒制咨询委员会等；2014 年，牵头成立了"注册学徒制—院校联盟"，健全了学徒制管理体系，发挥了组织协调作用。在推进专项计划方面，如二战后在《退伍军人权利法案》下，通过承担退伍军人培训，注册学徒制得到了快速发展；20 世纪末，通过"先进学徒计划"，推动护理、信息技术等高增长行业注册学徒教育发展；2017 年特朗普政府颁布《扩张美国学徒制》总统行政命令，宣布投入 1 亿美元的学徒补助来弥补技能差距、建立学徒扩展工作队，促进第三方学徒计划的发展、建立行业认可的学徒制，进一步推动和引领注册学徒制的发展。

## 第二节　协调沟通机制：专司统筹、联盟平台

现代学徒制是一项跨经济组织和教育组织的合作工程，涉及雇主、院校、学生等多方主体。为了推进现代学徒制的有效开展，美国构建了现代学徒制的专司统筹和联盟平台的协调沟通机制。首先，美国在联邦劳工部成立专设机构——现代学徒制管理办公室(Department of Labor's Office of Apprenticeship)，统筹全国注册学徒制事宜。联邦劳工部学徒办公室和 25 个独立州学徒机构协同管理全国学徒计划，职责包括对满足联邦和州标准的学徒制专业进行登记，以保护学徒的安全和福利；向学徒颁布国家承认的、便于携带的职业资格证书；通过市场化和技术协助，促进新学徒项目的开发；确保所有专业开展高质量的培训；确保所有专业都能够培养出有技术和能力的工人。同时，还设立学徒制咨询委员会(The Advisory Committee on Apprenticeship)，其职责主要为联邦政府提供注册学徒制发展的建议，包括开发所有领域的注册学徒计划、保障学徒安全、制定注册学徒标准、协调注册学徒系统各部门等。[②]

与此同时，为了注册学徒制的顺利实施，美国政府还牵头成立了沟通平台——"注册

① Lerman R I, Rauner F. Apprenticeship in the United States[M]. Springer Netherlands, 2012.

② 彭跃刚，石伟平. 美国现代学徒制的历史演变、运行机制及经验启示：以注册学徒制为例[J]. 外国教育研究，2017，44(04)：103-114.

学徒计划-院校联盟"(the Registered Apprenticeship College Consortium)协调各参与主体的相关利益和行为方面。[①]2014 年在奥巴马政府"2014 行动年"理念下，注册学徒制因可以扩大就业、增加收入的优势得到了重视，注册学徒制的进一步发展得到政府支持。美国政府不仅增加财政投入，促进注册学徒制稳定发展，而且牵头成立了"注册学徒制—院校联盟"( the Registered apprenticeship College Consortium)，鼓励行业、企业、工会、社区大学和各种培训机构建立广泛的联系，并在联盟内部构建了学徒的升学和发展通道。联盟覆盖了雇主企业、行业协会、培训机构、社区学院、劳工组织、联邦和地方政府及相关部门(劳动力投资委员会、就业中心等)、慈善组织、义工机构和宗教团体等众多注册学徒制相关组织。美国注册学徒制，通过联盟合作机制，将众多不同系统不同性质的组织之间的沟通，变成联盟内部的沟通，强化内部合作。一方面，强化注册学徒制在全美国范围内的实施。为企业雇主、社区学院以及认证机构等各参与主体建立起更加紧密、稳定和规范化的合作关系，实现校企合作的无缝衔接。另一方面，在联盟内部，还建立学徒的升学发展渠道。学徒在完成企业雇主提供的实践课程和社区学院提供的理论课程后，既能拿到资格证书也能拿到学分，通过学分制度，学徒在学徒学习期间所获得的学分，在其接受大学教育时还可以实现学分认可与转换，有助于其进一步的学习和发展。

## 第三节　课程开发机制：多方协同、标准引领

美国现代学徒制是一个由企业雇主(联盟)发起和资助的以就业为基础的专门培训系统，在课程开发和教学安排方面实现了多方协同、商定培训标准，以及基于培训标准引领下的岗位培训和理论教学的有机结合。

首先，多方协同、商定培训标准。美国注册学徒制是标准化、结构化、持续化的员工培训。企业雇主(联盟)作为主办方，与社区学院协调员、劳动部门代表共同为学徒制开发培训标准，以为学徒学习提供周全的课程安排。学徒和培训联合委员会由工会和雇主的代表组成，人数相等，负责管理培训计划，就要求、课程和录取作出决定，并监测学徒的晋升情况。注册学徒计划的期限从一年到五年不等，大多数为三年或四年。学徒预计每年完成 2000 小时的监督在职培训和至少 144 小时的相关课堂(理论)教学。学徒工资一般从 50%的工资开始，逐步提高，在最后的培训期达到 90%。学徒通常在无报酬的基础上参加相关的教学。[②]

---

① 陈圆. 美国注册学徒制的演进轨迹与最新举措[J]. 职业技术教育，2015，36(19)：74-78.

② Bilginsoy C, Smith E, Glover R W. Registered apprenticeship training in the US construction industry[J]. Education+Training, 2005, 47(4/5): 337-349.

其次，培训标准引领、岗位培训和理论教学结合。在培训标准的引领下，企业雇主(联盟)主导的岗位培训和社区学院主导的理论教学相互协同，服务学徒培养。通常白天学徒在工作岗位接受企业师傅或主管指导，晚上到社区学院、技术学院或企业雇主(联盟)的培训机构学习理论课程。如马萨诸塞州维修技工学徒，学徒培训时间为四年，企业雇主提供岗培训时间为 8000 小时，培训内容包括对机械设备(如发动机、电机、生产机器和设备等)的维修和维护，车床、钻床、磨床以及其他金属加工工具的操作和维修等任务。对各个项目任务的学时也有一定的要求，如工具维护 400 小时，零件和部件识别学习 300 小时，设备和机械拆卸 1000 小时，设备和机械检验 1500 小时等，同时学徒每年需要 150 小时的相关技术指导，包括相关数学、科学和力学、机械技术、安全和急救等方面，学徒必须掌握这些指导才能顺利完成该计划。①

尽管美国企业雇主(联盟)可以使用行业既定课程，但他们不受外部行业标准的约束。美国企业雇主(联盟)有能力在联邦和州标准的范围内根据其劳动力需求定制学徒培训。只要学徒制考核达到学徒职业的最低标准，或者通过外部能力的考核评估，企业雇主(联盟)(有时与工会合作)在设计和运作他们的方案时就有相当大的酌处权，企业雇主(联盟)可以选择学徒、培训内容、课堂教学合作伙伴类型和培训学徒人数。②

根据社区学院等主导的理论教学要求，马萨诸塞州维修技工学徒还需要到社区学院接受每年 150 个小时的相关技术理论教学，包括数学、科学、力学等。美国社区学院通过与行业协会合作，不断提高课程与学徒制需要的衔接度。如南西雅图社区学院要求学徒必须完成 6000 小时的岗位培训、450 小时的企业相关教育，以及完成 15 个学分的学院课程，包括应用文写作、技术文档写作、技师应用数学、人际关系心理学和项目管理，社区学院就可为学徒提供多种职业领域和不可转换的"学徒制大学副学士学位"。③

## 第四节 质量保障机制：证书规范、行业认证

美国现代学徒制虽然是以企业雇主(联盟)为主体、社区学院等为辅助的人才合作培养制度，但是联邦政府通过建立证书规范和行业认证机制，有效的保障和提升了学徒培养质量。

① 孟通通. 美国注册学徒制研究[D]. 石家庄：河北师范大学，2019.
② Lerman R, Eyster L, Chambers K. The Benefits and Challenges of Registered Apprenticeship: The Sponsors' Perspective.[J]. Urban Institute, 2009: 133.
③ 康托美杰 A. 美国 21 世纪学徒制[M]. 北京：中国劳动社会保障出版社，2016：151.

首先，证书规范。美国建立了国家范围内认可的证书制度，对于统一学徒培养质量起了重要保障作用。美国注册学徒制存在着"基于时间的培训模式""基于能力的培训模式""混合的培训模式"等多种培训模式，各州同一行业的学徒培训计划也可能存在着一定差别。美国注册学徒经过培训学习后，会依据培训标准的相关要求，进行相应的考核，通过者获得结业证书。为了保证学徒培养的质量标准，美国联邦学徒制办公室制定了部分学徒培训评价标准，并对各州所有完成学徒培训计划的学徒工进行统一登记，统一颁发结业证书，通过证书规范学徒培养质量。[①]美国注册学徒制逐步形成了一个由企业雇主(联盟)发起并资助的以就业为基础的技术工人的专门培训系统。尽管美国的注册学徒制主要是由雇主驱动，较为分散，但州学徒管理机构在注册学徒制项目、监控项目、向现有和潜在的赞助商提供技术援助、获取注册项目的数据以及鼓励开发新项目方面发挥着关键作用。美国劳工部就业和培训管在制定和执行法规和标准以及识别和监控州学徒管理机构方面也发挥着重要作用。经过多年的发展，注册学徒制系统不断完善，形成了一套学徒项目注册的标准，包括："公平申请程序；允许学徒接受实地培训和工作经验的时间表；有组织地讲授职业所需的技术科目(通常每年至少 144 小时)；逐步增加的工资表；适当监督在职培训；有足够的设施培训学徒；定期评估学徒在工作表现和相关指导方面的进展；保存适当的记录；在选择、就业或培训的任何阶段都不存在歧视。"[②]

其次，行业认证。美国注册学徒制在发展过程中重视引入行业资格认证制度，主要通过以行业技能标准为基础来进行课程设计，通过行业资格认证来确保学徒培养质量。如美国劳动部、国家金属研究所联合企业、行业协会共同开发一套以行业为导向的国家技能标准与特殊技能职业培训课程体系，为企业学徒学习提供了行业资格认证保障。[③]当前美国"行业认可学徒计划"明确提出通过行业认可的技能标准与证书认证以及第三方实体根据该部门在新规则中制定的标准认定，来确保打造高质量的学徒制。第三方认证实体可以是符合条件的贸易集团、公司、教育机构、国家和地方政府、非营利组织、工会、联合劳动管理组织以及某一专业或行业的认证和认可机构。[④]

强化注册学徒制行业认可发展导向。2017 年特朗普政府颁布《扩张美国学徒制》(Expanding Apprenticeships in America)总统行政命令，宣布加大投入弥补技能差距、建立行

① 高羽. 美国注册学徒制的历史演进、改革举措及启示[J]. 中国职业技术教育，2018，(21)：39-44.

② Lerman R, Eyster L, Chambers K. The Benefits and Challenges of Registered Apprenticeship: The Sponsors' Perspective[J]. Urban Institute, 2009: 133.

③ 高羽. 美国注册学徒制的历史演进、改革举措及启示[J]. 中国职业技术教育，2018，(21)：39-44.

④ U.S. Department of labor issues industry-recognized apprenticeship program final rule. [DB/OL][2020-03-10]. https://www.dol.gov/newsroom/releases/eta/eta20200310.

业认可的学徒制。[①]次年，美国劳工部就成立了包括商业、工业、教育和政府各方代表的学徒制扩展工作组，并制定了美国学徒制未来五年发展建议。2019年，劳工部发布了关于建立"行业认可学徒计划"(Industry-recognized Apprenticeship Programs)的制定规则与流程。计划提出行业认可的注册学徒制包括六个方面核心要素，"实施混合学习模式、认可先前的知识经验、明确行业认可的技能标准与证书、结构化的培训过程、有偿的工作经历与晋升机会以及提供可迁移、行业认可、具有竞争力的证书或具有明显市场价值的学位"，并致力于吸引更多企业认可并参与学徒制扩张计划。[②]

---

[①] Presidential Executive Order Expanding Apprenticeships in America. [DB/OL][2017-06-15]. https://www. whitehouse.gov/presidential-actions/3245/

[②] 薛栋. 美国学徒制发展战略的最新进展及其启示[J]. 职教论坛，2020，(01)：170-176.

# 第八章

# 现代学徒制运行机制的国际比较与规律

在分析德国、英国、澳大利亚、美国等国现代学徒制运行机制的基础上，本章将对其现代学徒制的运行机制进行比较，分析这些国家在利益驱动、协调沟通、课程开发与实现和质量保障等机制方面存在的差异与典型特征。以期对后面的案例研究以及对策研究提供帮助与支撑。

## 第一节　德、英、澳、美等国现代学徒制运行机制的比较分析

### 一、德、英、澳、美等国现代学徒制利益驱动机制比较分析

英国把现代学徒制作为提升技能型人才的国家发展重要战略，特别是自 1993 年以来，英国政府不断调整现代学徒制的政策，开展多轮现代学徒制改革，逐渐增强现代学徒制的社会影响力和吸引力，参加现代学徒制的人数逐年增长。英国商业、创新与技能部(BIS)对2002—2015 年每年新增学徒的人数进行了统计，英国参与学徒培训的人数从 2002 年开始逐年增长，2009—2010 学年新学徒人数为 16.07 万人，2013—2014 学年大约有 44.04 万名新学徒。[①]同时，由于国家在资金和政策方面的利益驱动，对培训过程和培训评价严格监控，建立了完善的雇主主导组织结构等，这些重大举措保障了现代学徒制质量的提高。根据英国商业、创新与技能部对雇主参与现代学徒制后成效的满意度调查显示。现代学徒制能够为雇主带来巨大效益，例如，工作效率提升(72%雇主的观点)、员工士气提升(69%)和企业产品质量提高(67%)。[②]据相关数据显示，对于同一岗位而言，学徒的生产率比非学徒高出7.5%，学徒执行任务的准确率比非学徒高出 25%。[③]对于作为雇员的学徒来讲，职业技能与

---

[①] 资料来源：https://www.gov.uk/government/collections/apprenticeship-changes.

[②] 资料来源：BIS：Evaluation of Apprenticeships: Employers. May 2012: 88.

[③] 姜大源等. 当代世界职业教育发展趋势研究[M]. 北京：电子工业出版社，2013：280.

素质得到了提升，产品质量得到了提高，学徒的待遇得到了提高，就业问题得到了改善，等等。更重要的是，现代学徒制培训项目为 91% 的青年学徒带来了积极的职业生涯利益，激发了他们继续学习的愿望，有 2/3 的学徒希望继续学习深造，为将来发展创造更大的空间。[①]

美国现代学徒制职业领域不断扩展。传统美国学徒计划高度集中在建筑、制造业和其他特定领域，如公共安全和一些军事职业。为有效地适应经济社会发展要求，1977 年美国劳工部颁布有关学徒制操作的具体法规，使学徒制职业领域不断扩展，同时极大地惠及了非裔美国人、少数民族、妇女等社会弱势群体。[②]20 世纪 90 年代末以来，随着美国经济的迅速发展，新的职业纷纷涌现。为了更好地适应社会经济发展需要，美国注册学徒制开始不断拓展专业课程项目计划所覆盖的职业领域。21 世纪初，美国开始实施"先进学徒计划"，鼓励以需求为导向的战略来应对劳动力挑战，试图在高增长行业发展注册学徒计划，如护理、信息技术、地理空间技术、先进制造业和海运业。美国采取的举措包括制定行业标准，向雇主提供技术援助和指导，使注册学徒制成为新行业可行的培训选择，并在某些情况下刺激新的职业阶梯，从而为工人创造有更多、更高报酬的工作机会。[③]

德、英、澳、美等国现代学徒制利益驱动机制比较如表 8-1 所示。

表 8-1 德、英、澳、美等国现代学徒制利益驱动机制比较一览表

| 国别 | 驱动形态 | 经费支持机制 | 特 点 |
|------|---------|------------|-------|
| 德国 | 外部驱动型<br>(需求引导型) | *政府承担培训学校成本<br>*政府资助跨企业培训中心<br>*企业承担内部培训成本<br>*企业支付学徒工资 | *需求引导型<br>*利益均衡机制<br>*企业参与程度高<br>*企业与学校分工明确<br>*学徒职业发展路线清晰 |
| 英国 | 内部驱动型<br>(政府推动型) | *政府承担培训成本<br>*部分行业执行征税-拨款机制<br>*学习与技术委员会分担部分培训费<br>*企业通过培训机构获得政府经费<br>*企业支付学徒工资 | *政府推动型<br>*成本分担机制<br>*准市场机制<br>*经费划拨的公益性<br>*企业投入意愿较低<br>*学徒职业发展关注较低 |

---

① 姜大源等. 当代世界职业教育发展趋势研究[M]. 北京：电子工业出版社，2013：280.

② Kuehn D. Registered Apprenticeship and Career Advancement for Low-Wage Service Workers[J]. Economic Development Quarterly, 2019: 134-150.

③ Lerman R, Eyster L, Chambers K. The Benefits and Challenges of Registered Apprenticeship: The Sponsors' Perspective.[J]. Urban Institute, 2009: 133.

续表

| 国别 | 驱动形态 | 经费支持机制 | 特　点 |
|---|---|---|---|
| 澳大利亚 | 内部驱动型<br>(政府推动型) | *联邦政府、州政府资助为主 | *政府推动型<br>*行业企业认同学徒制价值，并乐意参与 |
| 美国 | 内部驱动型<br>(政府推动型) | *企业支付学徒工资<br>*政府承担培训学校成本 | *成本分担机制<br>*准市场机制 |

## 二、德、英、澳、美等国现代学徒制协调沟通机制比较

联邦德国现代学徒制协调沟通机制是在联邦政府、联邦州政府、行业协会、培训企业以及职业学校之间展开的。政府通过建立立法职责权限的沟通机制，明确现代学徒制运行过程中的责任、权利和义务，解决学徒制的经费问题；政府通过建立管理职责的沟通机制，明确德国"联邦职业教育机构"(BIBB)对现代学徒制实施过程中出现的共性问题并进行宏观指导，德国州政府对现代学徒制的培训业务、财政拨款、职业学校等具体问题进行自治管理与监督，同时德国教育管理机构实行联邦、州、地区等三级管理，分别解决职业培训标准制定、学徒业务培训等问题，行业协会在德国地区级现代学徒制管理中发挥着重要作用；德国现代学徒制利益均衡的沟通机制，主要是通过"新社团主义"这个组织来实现规范管理，从而解决雇主、工会、学校、学徒以及行业协会的利益均衡问题的。

英国现代学徒制协调沟通机制主要是通过《产业培训法》和《学徒制、技能、儿童与学习法案》这两部法律来实现。《产业培训法》规定了培训政策、确定征税-拨款机制、设置"日释"和"期释"职业教育课程等，主要任务由各行业建立的产业培训委员会来完成。《学徒制、技能、儿童与学习法案》规定了学徒申请、登记、签订合作协议的程序与流程，主要任务由培训机构和雇主共同完成。合作协议签订前，雇主与学徒相互沟通、相互了解；协议签订后，学徒与雇主按照协议履行职责；结束培训后，学徒接受相关部门组织的考核。[①]

在学徒制的管理上，澳大利亚的就业部门、经济部门、雇主组织等越来越多地参与教育的管理和决策，教育部门与就业部门、工业部门、雇主组织等通力合作，建立了良好的协调沟通机制，成为学徒制改革和发展的重要保证。主要措施包括建立了推行和管理学徒制的政府组织机构，发挥行业、企业以及第三方机构在学徒制培训中的

---

① 吴学仕，伦凤兰. 英国现代学徒制发展因素分析及其启示[J]. 职教论坛，2015(12)：94.

作用。

美国现代学徒制协调沟通机制主要依靠现代学徒制管理办公室专设机构和注册学徒计划-院校联盟来建立。美国在联邦劳工部成立专设机构——现代学徒制管理办公室(Department of Labor's Office of Apprenticeship)，统筹全国注册学徒制事宜。美国政府还牵头成立了沟通平台——"注册学徒计划-院校联盟"，协调各参与主体的相关利益并规范各主体职责范围，为企业雇主、社区学院以及认证机构等各参与主体建立紧密、稳定和规范化的合作关系，实现校企合作无缝衔接发挥重要作用。与此同时该联盟还建立学徒的升学发展渠道。

德、英、澳、美等国现代学徒制协调沟通机制比较如表 8-2 所示。

表 8-2　德、英、澳、美等国现代学徒制协调沟通机制比较一览表

| 国别 | 沟通平台 | 沟通制度 | 特　点 |
|---|---|---|---|
| 德国 | *联邦职业教育机构<br>*联邦职业教育研究所<br>*跨企业培训中心<br>*行业协会 | *州教育与文化事务部长联席会议<br>*联邦、州、地区三级沟通机制 | *制度形态的双元制<br>*企业主体(本位)<br>*职业性为首<br>*企业高度参与(人数占 1/4) |
| 英国 | *行业产业培训委员会<br>*学习与技能委员会<br>*国家学徒制服务中心<br>*"一站式"网络平台<br>*高等层次学徒制基金项目 | *英格兰学徒制培训规格标准<br>*国家职业资格证制度(NVQ) | *项目形态的现代学徒制<br>*企业主体<br>*职业资格国家统一<br>*企业参与度相对较低(人数占 1/10) |
| 澳大利亚 | *国家培训局<br>*行业培训咨询委员会<br>*行业技能委员会 | *政府、雇主、工会和学徒之间持续对话机制 | *各个利益相关者之间要有明确的角色定位和职责界定 |
| 美国 | *现代学徒制管理办公室<br>*注册学徒计划-院校联盟<br>*学徒制咨询委员会 | *专司统筹和联盟平台的协调沟通机制 | *企业雇主、社区学院以及认证机构等主体建立起更加紧密的合作关系<br>*建立学徒升学发展渠道 |

## 三、德、英、澳、美等国现代学徒制课程开发与实现机制比较

德国现代学徒制课程开发与实现机制主要是以职业活动为核心来开发课程，课程方案由联邦德国各州文教部长联席会议统一颁布，主要包括培养目标、课程标准、课程内容、

课程结构以及实施路径、实施办法等。德国企业充分参与现代学徒制的课程开发与设计全过程，充分体现了德国现代学徒制课程设计开发以职业活动、职业导向以及工作过程为核心的课程开发理念。横向维度重点突出文化课、专业课及实训课三类课程，纵向维度分为基础培训、专业培训和专长培训三个层次，三个层次又都呈阶梯式递进。20 世纪 90 年代以来，德国现代学徒制的课程开发与实现机制，逐步脱离了学科体系的樊篱，成为职业教育课程改革一个革命性的尝试。

英国现代学徒制的课程开发与实现机制主要是由行业技术委员会与企业共同参与，并根据国家职业资格标准共同开发来实现。学徒制项目框架均包含能力本位、知识本位和关键技能等三个要素。能力本位要素的课程由行业委员会、行业以及雇主共同开发；知识本位要素课程，也称为技术证书课程主要由学习技能委员会、课程与资格署共同开发；关键技能要素课程，由英国相关机构制定划分，其中三种重要的技能要素被强制性地应用在国家职业资格证书课程中，并且只有通过脱产学习才能获得。

尤其要阐述的是，在英国每一个学徒制项目都有一个学徒制框架(framework)，虽然各行业的学徒制项目的框架各不相同，但所有框架都包括了三大要素，即能力本位要素、知识本位要素和关键技能要素(可迁移技能要素)。由于英国现代学徒制分为"学徒制""高级学徒制"和"高等学徒制"三个级别，每个级别同时又对应着英国不同级别的职业资格证书，因此，每个级别的学徒制的三个要素所对应的课程开发内容又不尽相同，所以，英国现代学徒制项目的课程开发机制是一个复杂的系统工程(见表 8-3)。

**表 8-3 英国现代学徒制三层次项目框架结构一览表**

| 三个学徒制层次 | 三个学习本位要素 | 不同要求的资格证书 |
| --- | --- | --- |
| 第一层次：学徒制 | 能力本位要素 | 需要获得二级国家职业资格证书 |
|  | 知识本位要素 | 需要获得二级技能资格证书 |
|  | 关键技能要素 | 需要获得一级证书 |
| 第二层次：高级学徒制 | 能力本位要素 | 需要获得三级国家职业资格证书 |
|  | 知识本位要素 | 需要获得二级技能资格证书 |
|  | 关键技能本位要素 | 需要获得二级证书 |
| 第三层次：高等学徒制 | 能力本位要素 | 需要获得三、四级国家职业资格证书 |
|  | 知识本位要素 | 需要获得国家高等教育文凭 |
|  | 关键技能本位要素 | 需要获得二级证书 |

　　澳大利亚现代学徒制的课程开发与实现机制具有框架统一、行业主导的特点，主要包括科学开发培训包并作为全国统一的培训框架；认证资质全国通行；课程内容与岗位需求匹配；课程实施形式灵活。

　　美国现代学徒制的课程开发与实现机制主要通过多方协同、标准引领来实现。即企业雇主(联盟)作为主办方，与社区学院协调员、劳动部门代表三方共同为学徒制开发培训标准，为学徒学习提供周全的课程安排。在培训标准的引领下，企业雇主(联盟)主导的岗位培训和社区学院主导的理论教学相互协同，服务学徒培养。通常白天在学徒工作岗位接受企业师傅或主管指导，晚上到社区学院、技术学院或企业雇主(联盟)的培训机构学习理论课程。

　　德、英、澳、美等国现代学徒制课程开发与实现机制比较见表8-4。

表8-4　德、英、澳、美等国现代学徒制课程开发与实现机制比较一览表

| 国别 | 课程开发机制 | 课程实现机制 | 特　点 |
|---|---|---|---|
| 德国 | *州文教部长联席会议颁布课程方案<br>*马格德堡大学、慕尼黑大学细化课程方案<br>*开发依据：《职业培训条例》《框架教学计划》<br>*企业参与全过程 | *横向课程：文化课、专业课及实训课<br>*纵向课程：基础培训、专业培训和专长培训<br>*以工作过程为导向构建可选模块与必选模块课程体系 | *学徒培训标准国家统一<br>*以职业活动为核心<br>*以工作本位为导向<br>*纵向课程阶梯式递进 |
| 英国 | *学习与技能委员会、行业技术委员会及企业共同开发<br>*开发依据：《国家职业资格标准》《学徒制框架》 | *开发三大要素：能力本位要素、知识本位要素和关键技能要素<br>*相对应的开发机构：行业委员会、行业以及雇主共同协商开发；学习技能委员会和课程与资格署共同开发；相关机构开发 | *学徒培训标准国家统一<br>*与学徒制框架紧密联系<br>*阶梯分级式 |
| 澳大利亚 | *全国统一的培训框架 | *学徒制模式多元<br>*可以开展脱岗培训、工作+培训以及理论学习+技能培训 | *培训包由行业为主进行开发,比较容易被行业普遍接受<br>*认证资质全国通行 |
| 美国 | *多方协同、商定培训标准 | *学徒工作岗位接受企业师傅或主管指导<br>*社区学院、技术学院或企业雇主(联盟)主导的理论教学 | *企业雇主(联盟)作为主办方，与社区学院协调员、劳动部门代表共同开发培训标准 |

## 四、德、英、澳、美等现代学徒制质量保障机制比较

德国现代学徒制的质量保障机制主要通过构建法律制度、完善行会制度、构建资金保障制度和构建评价体系来实现。德国尤其重视职业教育的立法，从联邦政府到地方建立了一系列的法律保障体系。法律法规制度对现代学徒制的培养目标、办学条件、经费来源、专业设置、教师资格、考试考核和运行管理等方面都有明确规定。同时，又建立了涵盖立法监督、司法监督、行政监督和社会监督在内的职业教育(现代学徒制)监督体系，为现代学徒制的高效运行提供了法律制度保障。完善的行业协会管理体制与运行机制是学徒制的管理保障，德国职业教育委员会主管职业教育(由行业部门的雇主、雇员和职业学校教师代表组成)，决定职业教育的重要问题，行业协会主要负责职业教育委员会决策后的管理运行工作，并担负着企业职业教育的运行职能。严密有序的运行机制，切实可行的管理制度，为德国职业教育现代学徒制高效运行奠定坚实的基础。职业教育的经费投入是提高职业教育质量的重要保障。德国现代学徒制的经费来源主要由政府和企业承担，此外还有直接资助、集资资助和混合经费资助等多元经费投入机制，政府企业主导以及多元的投融资体制机制为德国现代学徒制提供了充足的经费保障。第三方行业协会负责学徒制的考试与评价，评价过程严格规范，评价标准统一规范，评价结果公平公正，结业证书欧共体的一些国家也承认，严格的评价体制机制保障了学徒的质量。

英国现代学徒制的质量保障机制主要通过构建机构保障、法律保障、规格标准、经费保障和项目激励等五个维度来实现。建立现代学徒制专门机构"国家学徒制服务中心"，全方位推动现代学徒制计划的落实与实施，并在该中心建立"一站式"服务平台，为学徒提供全方位支持与服务。从工匠法、国家学徒计划到学徒草案、学徒法案等一系列学徒制法规制度的颁布与完善，对学徒制框架、学徒制标准、学徒制证书、学徒制协议等方面都进行了详细的规定，对推动学徒制都起到重要作用。

澳大利亚现代学徒制的质量保障机制在于标准严格、能力本位。澳大利亚建立了质量培训框架体系，其各项标准主要致力于保障澳大利亚全国的职业教育与培训在品质、运作上保持一致。同时，具有清晰、连贯的国家政策和法律法规，国家、州(领地)层面分别有相应的学徒制法律法规。

美国现代学徒制的质量保障机制通过证书规范、行业认证来实现。美国建立了国家范围内认可的证书制度，对于统一学徒培养质量起了重要保障作用。美国注册学徒经过培训学习后，会依据培训标准的相关要求，进行相应的考核，通过者获得结业证书。美国注册学徒制在发展过程中，重视引入行业资格认证制度，通过以行业技能标准为基础来进行课程设计，通过行业资格认证来确保学徒培养质量。在当前美国"行业认可学徒计划"中，明确提出通过行业认可的技能标准与证书认证，也可以通过第三方实体根据该部门在新规

则中制定的标准予以认定，以此来确保打造高质量的学徒制。

德、英、澳、美等国现代学徒制质量保障机制比较见表 8-5。

**表 8-5　德、英、澳、美等国现代学徒制质量保障机制比较一览表**

| 国别 | 标准制定机制 | 考核评价机制 | 过程监督机制 |
|---|---|---|---|
| 德国 | *联邦政府制定法律法规和制度保障体系<br>*联邦教育与研究部、联邦职业教育研究所、联邦州文教部长联席会、行业协会、培训企业及职业学校协商制定标准 | *行业协会负责考试考核<br>*工作导向考核 | *行业协会承担培训企业的资格认定和监督<br>*过程监控与质量监控并重 |
| 英国 | *政府颁布《学徒制草案议案》《学徒制、技能、儿童与学习法案》两部法律规定学徒资格、学徒制证书、学徒制标准、学徒制框架等<br>*商务部、创新与技能部、教育部、国家学徒制培训中心、以及技能资助局制定《英格兰学徒制培训规格标准》<br>*政府与雇主联合制定学徒标准<br>*雇主主导制定学徒制框架 | *多部门联合考核<br>*分类分层次考核<br>*能力本位考核 | *"教育标准、儿童服务和技能办公室""资格与考试办公室""高等教育质量保障机构"负责质量监督<br>*注重结果控制 |
| 澳大利亚 | *质量培训框架体系 | *技术质量管理局(ASQA)监管学徒制培训质量，涉及注册机构管理、培训资格认定、培训课程管理等 | *实施质量培训框架体系(AQTF)，该框架是通过制定国家标准，规范注册培训机构(RTO)的办学行为，监控其办学质量，同时也为各个州在培训机构注册、审计、课程开发认证等提供准绳 |
| 美国 | *美国联邦学徒制办公室制定学徒培训评价标准 | *学徒制办公室，并对各州所有完成学徒培训计划的学徒工进行统一登记，统一颁发结业证书 | *通过以行业技能标准为基础来进行课程设计，通过行业资格认证来确保学徒培养质量 |

## 第二节　德、英、澳、美等国现代学徒制运行机制的经验借鉴

### 一、高度重视各方利益相关者，构建高效的利益驱动机制

利益驱动机制是现代学徒制职业教育的动力源泉，德国、英国、澳大利亚、美国现代学徒制的形成发展都与利益驱动有着直接的联系，利益是产生合作动力的根本源泉[①]。利益驱动机制也是对现代学徒制职业教育中各利益相关主体进行利益分配、利益调整和利益激励的方式方法，这种机制的形成与发展是一个各方利益主体协商博弈、动态调整的过程。因此，只有现代学徒制各利益相关者的利益诉求达到满意程度或者较高的满意程度时，才能实现互利共赢，才能构建起高效运行的利益驱动机制。纵观德国、英国、澳大利亚、美国的现代学徒制的利益驱动机制构建，虽然路径形式、方式方法、措施办法、关注的重点以及取得成效等不尽相同，但是在满足参与现代学徒制各方的利益诉求过程中，构建的高效完善的利益驱动机制：例如，政府通过经费支持、税收优惠、经费补贴等经济利益的驱动，来保障参与现代学徒制的行业协会、培训机构、企业、雇主以及培训学校等各方的利益；政府通过法律法规制度等直接来约束参与现代学徒培训的企业雇主行为，以此间接地来保障学徒的经济利益、合法权益等；政府(包括各级政府)或第三方培训机构通过对学徒制培训项目的监督检查，依法保护现代学徒制各利益主体的利益，这些宝贵经验值得总结与思考。

### 二、高度重视沟通平台建设，构建多方合作的协调沟通机制

所谓协调沟通机制是指参与现代学徒制多元利益相关者通过平台搭建、制度构建、共同治理、协同管理等方式建立的一种高效运行的管理机制。协调沟通机制是现代学徒制制度形态的关键与核心，是保障现代学徒制高效运行的桥梁与纽带。协调沟通平台是否搭建，协调沟通制度是否完善，协调沟通机制是否顺畅，甚至协调沟通机制是否出现"堰塞湖"等等，这些都直接关系到现代学徒制的质量与成效。德国、英国、澳大利亚、美国现代学徒制的协调沟通机制高效运行堪称世界典范。德国从联邦政府、州政府以及各地区等层面都建立层级分明、职责清晰的管理体系与沟通平台，例如联邦政府建立了"联邦职业教育机构""联邦教育与研究部""新社团主义"，州政府建立了"州教育与文化事务部长联席会议"，各地区建立了"行业协会"等。英国建立"国家学徒制服务中心"、搭建"学

---

① 张建国. 论学徒制职业教育的制度蕴含[J]. 职业技术教育，2015(7)：25.

徒制网络服务平台"、建立"高层次学徒制培训基金项目"等。美国政府还牵头成立了
沟通平台——"注册学徒计划-院校联盟"。德国、英国、澳大利亚、美国等现代学徒制管
理平台的构建及其协调沟通机制的建设都受到国家法律法规和地方政策制度的保护与
约束。

## 三、高度重视课程开发与建设，构建多元课程开发与实现机制

现代学徒制课程开发与实现机制是指根据学徒的职业岗位、职业能力要求，制订课程
开发的目标、课程开发的内容、课程开发的结构、课程开发的标准以及课程评价的标准等，
并通过政府部门的教育机构、行业协会、职业学校、企业等多方协调沟通与合作实现现代
学徒制职业教育课程体系的开发与建设。课程开发与实现机制是推进现代学徒制的关键与
核心环节，也是保障现代学徒制质量的重要前提条件。虽然德国、英国、澳大利亚、美国
现代学徒制课程开发与实践机制的路径有所不同，但是殊途同归，最后达到的目标与成效
完全一致。例如，基于职业活动、工作过程的学习领域课程开发与实现机制的实践探索与
理论创新，成为德国基于"双元制"的现代学徒制职业教育课程开发的一种新范式。英
国课程开发与教学目标同样重视"关键能力"的开发与培养，并将关键能力分为三个基
本能力(数字应用、交流、信息技术使用)和三个拓展能力(与他人合作、提高自己的学习
成绩、解决问题)，同时又将六个能力分为五个级别。美国现代学徒制在课程开发和教学安
排实现了多方协同、商定培训标准，以及基于培训标准引领下的岗位培训和理论教学的
有机结合。

## 四、高度重视质量评价体系建设，构建稳定高效的质量保障机制

现代学徒制质量保障机制是指政府通过法律法规、政策制度的支撑与经费支持，明确
现代学徒制的各利益相关者的责任、权利和义务，规范学徒制运行过程的合作行为，从契
约约束和组织机构建设上对学徒制过程与结果进行协调、检查、监控、监督，以保障现代
学徒制顺利实施和质量持续提高的运行机制。因此，政府制定出台相关的法律法规、政策
制度，明确现代学徒制各利益主体，尤其是明确行业协会、培训企业、职业学校等在现代
学徒制运行过程中的作用地位与权利义务，这是现代学徒制质量保障机制的前提与基础。
政府部门、行业协会、培训企业、职业学校等利益主体各负其责、积极参与、相互配合是
保障现代学徒制正常运行的核心与关键。例如，德国现代学徒制完备的法律和制度保障体
系、完善的行业协会机制、经费分担机制和监督评价机制等，这些措施有效保障了德国现
代学徒制的高效运行，使德国现代学徒制成为世界上可资借鉴的典型范式。以"国家学徒
制服务中心"为主要管理机构，以"项目激励机制"为主要举措的英国现代学徒制，构建

了机构保障、法律保障、标准制订、经费保障和项目激励等"五位一体"质量保障机制，使英国现代学徒制走上快速健康持续的发展轨道，从而使英国现代学徒制实现了形态与形式的三大转变与创新，即："学徒制从民间自娱自乐转向政府主导，学徒制从手工作坊转向现代企业，学徒制从企业自主转向校企合作"[①]，英国现代学徒制的靓丽转型为世界各国推进现代学徒制提供可借鉴的发展路径。澳大利亚建立了质量培训框架体系，其各项标准主要致力于保障澳大利亚全国的职业教育与培训在品质、运作上保持一致。同时，该框架体系具有清晰、连贯的配套国家政策和法律法规，国家、州(领地)层面分别有相应的学徒制法律法规。美国学徒制在发展过程中，建立了一套完善的制度体系，如注册项目申请制度、培训标准制度、学徒培训证书制度、学徒制的学分转换制度等，该制度体系不仅规范了学徒制实施，确保了培训质量标准，而且还畅通了学徒发展通道，提升了注册学徒制的吸引力。

---

① 姜大源，等. 当代职业教育发展趋势研究[M]. 北京：电子工业出版社，2013：160.

# 第三篇　中国路径篇

本篇在分析我国现代学徒制试点地区、试点院校和试点行业企业的典型案例基础上，分析研究现代学徒制利益驱动机制、协调沟通机制、课程开发与实现机制以及质量保障机制的现状与问题，从政府层面、院校层面和企业层面提出优化我国现代学徒制的对策建议。

# 第九章

# 我国现代学徒制运行机制构建的本土探索与经验

## 第一节　试点地区实施案例研究

### 一、A市现代学徒制试点个案分析

2015年8月，A市获教育部正式批准，成为全国17个以地级市为单位的现代学徒制试点单位之一。到2018年，全市教育部门办中职学校全部参与试点工作，实现试点率100%，试点专业布点数53个，占全市专业总布点数的23.66%，试点专业数29个，占全市专业总数的42.01%，参与试点学生有4069人，学校导师330人，企业导师671人，正式签订现代学徒制校企合作协议的企业91家。

#### （一）实践探索

##### 1. 重视顶层设计，完善区域试点保障体系

一是加强组织领导。依托"A市促进职业教育发展暨市属高校产学对接工作领导小组"，由教育部门牵头，建立由教育、发改、人力社保、财政、国资、经信等部门共同组成的现代学徒制试点工作领导机构，负责统筹规划区域试点工作，定期会商和解决有关试点工作重大问题；二是出台政策，在2012年"1＋3＋5"校企合作政策体系基础上，教育、发改、人力社保、财政、国资、经信等六部门于2016年共同印发《关于开展现代学徒制试点工作的实施意见》(杭教职成〔2016〕1号)，为试点工作提供政策保障；三是积极搭建平台，通过组建职教集团、专业指导委员会，创建企业实训车间、技能大师工作室等平台助推现代学徒制试点工作；四是强化过程管理，根据试点工作进展情况适时开展现场推进会，组织各区、县(市)间进行互查互纠活动，并对各地试点情况实施年报制度，以确保试点工作的顺利开展。

### 2. 注重建章立制，为试点工作提供有效保障

首先，在共建招生(招工)制度上，试点学校根据专业实际，制定联合招生(招工)方案，职业院校、企业与学生及监护人共同签订三方(四方)协议。其次，积极推进标准建设，逐步建立现代学徒制试点专业标准，包括企业标准、师傅标准、学徒标准、专业教学标准等。第三，依托中华职业教育社职业技能鉴定站，探索建立第三方机构评价考核办法及考评专家库，共有 73 位考评专家入库，负责组织岗位技能考评和职业资格证书考证相结合的考核；同时，结合中等职业学校教学诊断与改进工作，积极探索校企共同参与评价的现代学徒制教学质量监控机制。第四，根据现代学徒制"工学结合"的试点工作要求，进一步完善学分制和弹性学制，校企共同制定和健全各类管理制度，包括教育教学管理制度、学徒管理办法、实习保险制度等，从而切实保障试点工作制度化、规范化。

### 3. 确保经费保障，推进区域培育项目建设

A 市采用多种形式开展现代学徒制经费投入：既有以十大工程建设项目经费的名义投入，也有按政府规定学徒实习超过一个月人均补助 300 元的补偿机制，还有按照外聘教师发放补贴的导师津贴发放机制，更有企业学校合作自我造血再投入的运行机制。2016—2017 学年，根据全市列入国家级试点的学校统计，企业导师津贴共计 200.42 万元，其中企业支出 60.67 万元，学校支出 116.45 万元，各级财政支出 23.3 万元。"十三五"期间，A市将分批扶持 30 个现代学徒制试点建设项目，对每个试点建设项目进行相关的经费补助，每个项目给予 10 万元补助，预计总经费 300 万元。除了市本级财政拨付的经费补助外，各区、县(市)财政也加大对现代学徒制试点的经费投入，桐庐县对现代学徒制试点专业按照每年 7～10 万元的标准给予专项补助。与此同步，A 市对基于现代学徒制试点的教学实训车间、技能名师工作室、校企合作共同体等建设项目予以相应的经费补助，2017 年补助经费约 500 万元。

### 4. 突破机制，鼓励学校先行先试

第一，招工招生机制的突破尝试。A 市中策职校采用"嵌入式选择订单"的形式，结合省选择性课改，招收知味观、凯悦、三上、雷迪森的现代学徒制订单班，实施现代学徒制试点；桐庐县职业技术学校与江南养生文化村定向定点定企，先招工后招生，与企业签订培养协议，并享有员工待遇，再与学校签订三方培养合同，突破招生机制，实行联合培养。第二，学校管理体制的突破尝试。校企共同建立健全与现代学徒制相适应的教学管理制度，完善学分制和弹性学制管理办法。A 市技师学院实施个性化现代学校管理体制，与宝马、大众等七大汽车品牌合作，按照企业要求建立七大品牌实训基地，学校在人事制度、工作安排、教学管理、学制学籍、课程设置、考核评价、后勤行政以及奖惩制度上都作出重大调整，实施私人定制与统筹规划相结合，对接企业需求。第三，考核

评价机制的突破尝试。A 市在原来的中职学校学生学历证书与职业资格证书考试"两考合一"的基础上，进一步创新考核评价机制，实行校企共同考核评价。各校立足专业，以人社部门的专家考评委员会为载体，建立符合各校实际的第三方(行业、企业)评价新机制。中策职校在"双证融通"的基础上，发展性地提出杭帮菜传承人培养的"四标合一"，将中式烹调师国家标准、杭帮菜传承人学徒标准、国际西点课程标准和毕业学分标准纳入传承人班的评价标准体系，积极构建烹饪专业现代学徒制的标准体系，学徒在出师环节同时可获得中职毕业证书、中式烹调师中级工证书和知味观杭帮菜传承人认证书，做到三证合一。

## (二) 成效与问题

### 1. 工作成效

目前，A 市遵循"实践＋研究＋再实践＋推广"的思路全面推进现代学徒制试点，全市教育部门办的中职学校全部参与试点工作，实现试点率 100%，实现人才培养与科研成果双丰收。2017 年省中职学校学生职业能力大赛获得 21 金 33 银 24 铜，全国职业院校中职学生技能大赛共获 6 金 23 银 2 铜。三年间，受益于现代学徒制人才培养模式，A 市技师学院杨金龙、蒋应成问鼎世界技能大赛冠军，拱墅职高王芹获世界技能大赛优胜奖，A 市也成为全国唯一培养出两届世界技能大赛冠军的城市。2016 年，A 市荣获浙江省职业教育成果 9 个一等奖，其中 7 个与现代学徒制和校企合作相关。《中职烹饪现代学徒制的探索与实践——以杭帮菜传承人培养为例》获得首届国家级教学成果一等奖。《区域中职现代学徒制度设计与标准建设——以 A 市为例》成为 2018 年省教育科学规划课题；《中职现代学徒制——杭州样式》书稿基本完成。

### 2. 存在问题

虽然 A 市现代学徒制试点取得明显成效，但也存在困难与共性问题。一是政府统筹协调力度不够，政府、行业、企业、学校等尚未形成有效合力；二是优质的企业资源不足、分布不均，资源整合力度不够；三是对现代学徒制试点的认识有待统一，学徒身份认定缺乏统一的行业标准；四是升学需求日趋增强，现代职业教育体系尚未建立，学徒制试点出现"无学徒"可用的尴尬局面。

## 二、E 市现代学徒制试点个案分析

E 市自 2011 年就开始推进了中职现代学徒制 334 模式试点工作，坚持政府主导和学校、企业"双主体"的管理体系，实施专业认知学习、课程见习、顶岗实习的"三段教育"，推行学生—学徒—准员工—员工"四位一体"的人才培养模式，合作式、分段式、递进式培养人才。2012年3月，教育部中国特色现代学徒制战略研讨会在E市举行；2013年12月，E市成为教育部职业教育现代学徒制理论研究与实践探索十大试点单位之一；2014年12月，E市作为唯一地市代表，在全国职教现代学徒制试点工作推进会上作交流发言；2015年8月，获教育部正式批准，E市为全国首批现代学徒制试点城市之一。三年来，E市对试点进行战略管理，以全面推进产教深度融合，培育适应经济社会发展的现代职业人才为目标，整合资源，统筹兼顾，系统性、集约化区域推进试点工作。2016年6月，E市共二县三校成为省级现代学徒制试点单位。2017年，E市不断巩固试点成果、丰富内涵、扩面深化，创新探索"334＋N"现代学徒制实践模式，形成了符合产业转型升级和现代企业发展需求、具有地方特色的现代学徒制，顺利完成了各项试点工作任务。

（一）实践探索

**1. 系统规划，强化试点保障**

第一，加强顶层设计。E市坚持政府统筹，加强部门联动，市教育局联合经信、财政、人社等部门就现代学徒制试点工作的实施方案、工作机制、"双导师"队伍建设、第三方考核等方面，先后印发了《E市中职学校现代学徒制试点工作实施方案》等7个专项文件，为区域推进现代学徒制试点工作做好了顶层设计。其中，市教育局等九部门联合出台并落实《E市促进职业教育校企合作工作办法(试行)》，明晰政府部门、职业院校、行业协会、企业的职责和权利，明确试点企业可享受相应的税收优惠政策，提高企业参与现代学徒制的积极性。

第二，创新工作机制。一是健全联席会议机制，在现代学徒制试点工作领导小组的基础上，成立全市发展现代职业教育领导小组；二是完善科学决策机制，设立试点工作专家咨询委员会和专业指导委员会，邀请省内外知名学者、职教专家、行业企业技术骨干对改革试点工作提供咨询和评估服务；三是建立职教集团(联盟)联动机制，由职业院校牵头，整合政府部门、行业企业、高校和科研机构的资源，全市共组建了先进制造业、现代服务业、现代农业等10个职业教育集团(联盟)，建成省级职业教育产学研联合体4个、省级示范性职教集团1个和省级校企合作共同体2个，成为E市实施现代学徒制的有生力量，探索建立校企一体化育人机制。

第三，加大经费投入。市首创政府购买实习岗位，"十二五"期间，将现代学徒制培训纳入市中职教育"六项行动计划"，按照每名合格学徒800至1000元的标准进行补助，经费由政府专项资金和学校共同承担，用于奖励企业带教师傅。"十三五"期间，将现代学徒制培训纳入市中职教育"产教融合工程"，确定24个市级现代学徒制改革试点项目，相关学校将现代学徒制作为省级中职名校重点建设任务，在省补助资金的基础上，市财政给予一定的配套资金，以确保项目建设如期完成。另外，E市职业院校向本地企业每输送一名毕业生政府给予 800 元奖励，其中高级工及以上按 2000 元/人奖励。

第四，完善制度体系。在前期实行多岗轮训的基础上，E 市先后制定了标准条件、相关协议、管理制度、考核制度、奖惩制度等 5 大类共 22 项制度(见图 9-1)，并不断修改完善，全面规范现代学徒制管理工作。首创学徒注册制度，建立学徒注册库。建立试点企业准入机制，关注企业的技术进步，遴选 180 家企业参与现代学徒制，其中 4 家企业被市政府授予市"职业教育先进集体"称号。同时，建立健全毕业生跟踪调查与后续服务机制，以学校培训中心为依托，实施企业化培训、中高职衔接、技能提升培训等可持续发展计划，促进毕业生"终身学习"。

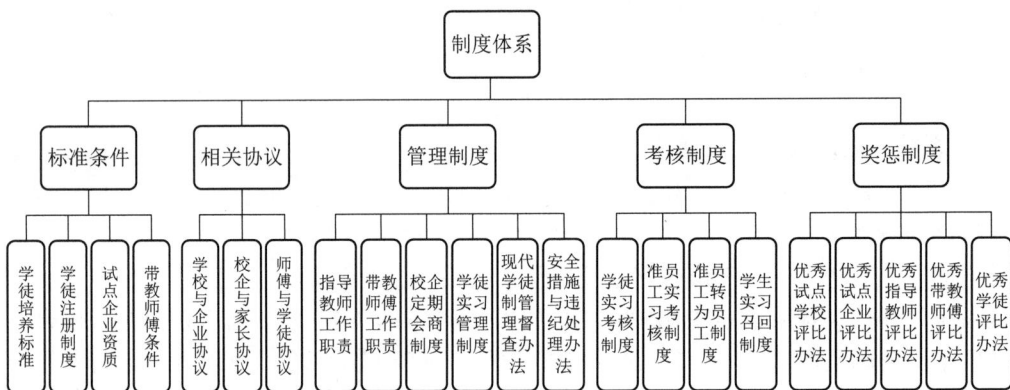

图 9-1　E 市现代学徒制制度体系

### 2. 双元合作，凸显企业主体作用

第一，双主体招生。根据实际情况，E 市采用了三种招生招工(徒)形式：一是中职学校"先招生后招工(徒)"形式，由校企共同制定现代学徒制试点招生招徒实施方案，先由中职学校招生，然后由校企共同面试，确定参与现代学徒制试点的学生，组建现代学徒制试点班级，依法签订校企合作协议、学校、企业、学徒(家长)三方(四方)协议和师傅学徒协议，明确学生同时具备学徒身份。大多中职学校采取此形式。二是技师学院"招生招工一体"形式，技师学院与企业开展高技能人才培养，高级工班学生进入企业开展现代学徒制试点，实现招生招工一体化。三是"先招工后招生"形式，中职学校培训中心与高职院校、行业协会及相关企业合作开办成人"双元制"班，探索实施中高职衔接，提升企业在职员工学历和岗位技能水平。

第二，双主体育人。围绕现代产业发展需求，根据技术技能人才成长规律和工作岗位的实际需要，中职学校试点专业骨干教师和企业资深管理、技术人员在深入分析、研究岗位群及岗位胜任力的基础上，结合行业职业资格标准和企业岗位技术规范，共同商讨制定符合学校、企业、学徒实际的试点专业人才培养方案，明确试点专业人才培养数量、规格。

同时，充分发挥专业建设指导委员会的作用，整合课程资源，校企共同确定试点专业课程体系，并制定核心课程的课程标准。实施"学校即工厂，教室即车间"的技能教学与实训策略，以"岗位实战"与"工艺必须"的技能要求与标准训练学生，增强学生技能学习的时效性、操作性，实现技能教学与真实工作岗位的零距离对接。同时，构建了第三方考核评价机制，市教育局与市人社局每年组织现代学徒制岗位技能第三方考核，由职业技能鉴定中心、教研机构、行业企业、学校和家长代表组成团队，在企业实际工作岗位上进行技能抽测，并通过企业评价、岗位观察、学校考核、考试问卷、学徒互评等方式，理论考核与操作考核相结合，切实提高学生的就业基础能力、岗位核心能力、职业迁移能力。近三年第三方考核合格率达98.85%，保障了现代学徒制育人质量。

第三，双基地保障。E市实行校企1+N联合培养模式，充分依托34个省级以上实训基地、49个市级校外实习示范基地和1000余个校企合作实训基地等资源，以建设20个市级理虚实一体化实训室和15个市级智能技术实训室(基地)、学生技术工作坊、学生创业孵化基地、创客中心、创业园等为抓手，合理地交替安排对应的教学场所与岗位群，既有学校的理论、实训课堂，又有企业现场的理实一体课堂，共同完成人才培养。

第四，双导师指导。在校学习期间，校企双方分别委派专业课教师和技术骨干承担教学工作，指导学生学习与实训；企业实习期间，实施企业班组化管理，采用"一对多"和"一对一"的导师型实习模式，开展小组合作学习，增强学生的岗位胜任力。工学交替时，学校实习班主任与企业中层领导共同负责学生日常管理，加强职业素养教育，并对学生的心理、安全、劳动纪律等方面进行过程监管。近年来，E市中职学校与企业共同培养培训了385名专业指导教师和863名带教师傅，共同完成学徒期间的教育教学和管理工作。

第五，双身份成长。坚持以立德树人为根本，实行公民目标、职业目标、学业目标相结合，从培养标准、校企德育合力、师资定位、校企文化融合等方面，确立德育培养目标，形成校企高度融合的职业素养标准。深入推进德育行动，建立德育"双导师"机制，探索德育学分制的扩展与延伸，加强学徒的过程管理、忠诚度教育和职业生涯规划，提升学生的职业素养。同时，注重工匠精神的培养，如长兴职教中心积极参加"学习工匠精神争做工匠型人才"主题教育活动，组织开展道德实践周、生态课堂、志愿者服务、工学结合等体验教育活动，落实职业素养培养体系，提升学生职业素养。

第六，双制度激励。E市首创学徒激励机制，中职生取得《学徒合格证书》，入职企业后可以取消试用期，近三年第三方考核合格率达98.85%。目前，全市已评选出现代学徒制优秀学徒65名，被用人单位录用后，工资待遇比非学徒制试点学生提高800元左右。同时，建立了"双导师"互聘共用和考核激励机制。规定指导教师和企业师傅被评为先进的，可在晋升职称、职位时优先考虑或作为破格条件之一。目前，全市已评选出31名市级现代学徒制优秀带教师傅和 29 名市级现代学徒制优秀指导教师，参与现代学徒制育人实践的队伍不断壮大。

**3. 注重研究，实现"三个结合"**

第一，与课程改革相结合。印发《E 市加快推进中等职业教育课程改革实施意见》和《E 市中职学校选课走班工作指导意见》，构建具有 E 市区域特点的"二模二基三群"课程体系。通过强化专业建设、细化岗位课程、深化职业指导、优化文化基础、增添人文创业、有效选课走班、小组合作学习、"五位一体"评价等多项实践，有效实现了现代学徒制试点工作的纵深推进。

第二，与"课证融通"试点相结合。E 市组织开展"双证融通"试点培训工作，着手制定《E 市中职学校开展"课证融通"试点实施方案》，由学校、企业和人社部门三方共同研究制订试点专业人才培养方案和现代学徒制课程体系，明确教学计划和轮训方案，并编写了现代学徒制课程大纲与 70 余册校本教材，实践"多岗轮训＋一专多证"，努力实现学校专业课程、职业资格课程与企业岗位课程的融通。与此同时，E 市注重信息化建设，建成了试点专业核心课程网络教学资源库，全力促进中职学校课程标准与职业标准的对接。

第三，与岗位胜任力研究相结合。市教育局组织行业专家、教育专家共同制定《基于现代学徒制视角下对中职生岗位胜任力培养的实践与研究》课题研究方案，组成全市中职生胜任力培养实践与探索课题小组，多次召开专题研讨会，选择 7 个试点专业深入开展中职生岗位胜任力培养的专题研究。课题组面向企业、实习生、优秀毕业生、行业专家、教师进行系统调研，统一编制《中职生岗位胜任力量表(问卷)》，制定中职生岗位胜任力"教学、德育、实训、实习"四位一体培养方案(含课程体系建设)，初步构建了中职生(通用)岗位胜任力模型。

**(二) 成效与问题**

**1. 工作成效**

第一，试点规模不断扩大。截止到 2018 年，全市 13 所中职学校均参与试点，试点专业由最初的 5 个增至 24 个，基本实现学校与相关专业的全覆盖。企业参与试点积极性进一步提高，试点企业增至 180 家，行业覆盖面广，涉及现代农业、先进制造业、现代服务业、信息技术、休闲旅游等产业，服务地方产业发展的能力不断提升。2017 学年，全市共有 4388 名学生进行学徒注册，参与现代学徒制试点，学生实习稳定率达 83.6%，就业率达 100%，专业对口率达 93.2%，提高了学生的教育"获得感"，形成了企业点赞、学生认同、家长叫好的多方共赢局面。

第二，试点内涵建设不断丰富。各中职学校根据不同的育人目标要求、面对不同的群体需求，不断丰富试点内涵，积极探索实施"334+N"现代学徒制实践模式。一是面向规模型企业，开展"全程整体式"现代学徒制试点。二是面向中小微企业，开展"联盟组团式"现代学徒制试点。三是面向产业园区，以建设6个市级产业学院为抓手，开展"产业学院嵌入式"现代学徒制试点，着力服务区域特色产业集群、特色小镇建设和产业园区发展，全力助推"中国制造2025"试点示范城市建设。四是面向企业行业协会，针对企业在职员工开展"行业培训式"现代学徒制试点。五是面向财会、电子商务等无法与企业合作开展现代学徒制的特殊专业，开展"外联内训式"现代学徒制试点。六是面向技术进步和高技能人才培养的要求，开展"工作坊式"现代学徒制试点。

第三，试点社会影响力不断增强。E市区域推进现代学徒制试点工作引起了国家、省、市有关部门、国内同行的高度重视和广泛关注，社会知名度不断提升，展示了现代学徒制试点成果。先后有70余个省内外职教考察团1000余人次来E市考察试点工作，相关政策文件纷纷被各地引用，典型经验在全省推广，充分发挥了辐射示范作用。

### 2. 存在问题

首先，政策机制有待完善。目前，E市尚缺乏较完备的支持现代学徒制的法律和政策体系，企业相关税收优惠政策尚未完全落实到位。同时，企业参与人才培养的责权利尚不清晰，企业受益前景不够明朗，政府、学校、行业、企业多方利益均衡的合作机制尚未形成。

其次，企业积极性有待提高。一方面，部分企业缺乏储备后备人才的战略意识，对于技能型人才重招用、轻培养，对学校的合作意愿、合作行为往往不能热情回应。另一方面，现代学徒制与企业合作需要企业为学徒安排一定数量的轮训岗位和带教师傅，一定程度上影响企业正常生产秩序，额外增加了企业的人力、物力、财力投入。除了部分资金实力雄厚、对应用技术型人才需求量大的行业领军企业外，广大中小企业对参与现代学徒制教育普遍"心有余而力不足"，缺乏高额、持续、稳定的投入。

第三，"双导师"队伍有待强化。中职学校高水平"双师型"教师较少，虽然目前我市中职学校"双师型"教师比例达94.06%，但由于缺乏权威的"双师型"教师认定标准和认定办法，教师的实践能力仍有待进一步提升。此外，企业带教师傅大多未经过专门的教育教学训练，辅导学生的能力和水平有限，教科研能力较弱，缺乏与企业进行有效的技术和管理对接能力，人才培养质量不能得到有效保障。

## 三、Y市现代学徒制试点个案分析

2017年Y市获批现代学徒制部级区域试点，按照教育部关于开展现代学徒制工作的意见，Y市按照区域试点统筹推进的思路，通过搭平台、创模式、强推进、建机制、出政策等具体措施细致谋划试点工作任务。

## (一) 实践探索

### 1. 出政策

充分学习全国各地学徒制试点工作的先进经验, 结合试点工作推进中的难点、痛点, 从区域试点的角度出发, 着力推进学徒制试点的相关政策, 以更好的保障区域试点工作任务落实。

第一, 从市政府层面, 推动出台职业教育现代化实施意见, 重点将学徒制试点政策同人社部门新型学徒制试点政策相结合, 对参与试点企业进行补贴和奖励, 鼓励更多试点企业逐渐转型为教育型企业, 为推进学徒制试点奠定基础。同时将中职学校学生参与学徒制试点同毕业生实习就业政策相结合, 将实习生补贴政策由面向高校毕业生延伸到中职毕业生, 多方面争取试点工作政策支持。

第二, 从行业主管部门层面, 推动行业主管部门同教育主管部门一起构建区域性专业教学指导委员会, 发布区域性专业试点教学标准和核心课程标准, 专业学徒考核评价标准等规范文件, 以突出区域性试点的特色优势。

第三, 从教师队伍管理层面, 推动出台职业教育兼职教师标准, 联合行业主管部门构建兼职教师师资库, 以充分利用企业能工巧匠的资源, 共同参与人才培养, 并对企业兼职教师参与人才培养给予政策支持, 落实相关津补贴制度。

第四, 从教学管理规范层面, 出台学徒制试点指导意见、学徒管理办法等规范性文件, 并联合行业主管部门制定试点企业标准, 以更好的规范试点工作流程, 指导职业院校和企业在试点工作过程中规范办学。

### 2. 搭平台

在 2013 年, Y 市政府特批依托湖北三峡职业技术学院, 联合市内中高职院校、行业主管部门和行业企业代表, 共同组建宜昌三峡职教集团。

为统筹推进全市职教工作改革重点任务, 将学徒制试点, 职业院校整改工作, 产教融合、校企合作等工作同全市职教改革统筹谋划, 在 2016 年将职教集团秘书处设到宜昌市教育局职成教科, 由职成教科科长任秘书长, 相关行业主管部门责任科室负责同志任副秘书长, 统筹谋划推动全市产教融合的系列工作, 更好服务区域经济社会发展。与此同时根据区域产业发展特点, 调整重设了 11 个校企合作委员会, 合作委员会由行业主管部门任主任单位, 服务行业的高职二级学院和特色中职学校任副主任单位和秘书单位, 其他职业院校相关专业和行业企业代表任成员, 全局谋划提升区域内职业院校专业服务产业能力。

集团秘书处的调整和校企合作委员会的优化, 为全市深化校企合作, 推动产教融合, 探索现代学徒制区域试点搭建了区域统筹平台。结合 Y 市区位特点和产业特色, 将电子商务、现代农艺技术、汽车运用与维修、临床医学(乡村医生)、旅游类专业作为部级区域试点专业，整合各方优势，统筹推进试点工作。

### 3. 创模式

围绕服务产业社会发展需求，结合区域试点申报过程中教育部的反馈意见和要求，试点专业均按照一所高职院校牵头，2～3 所中职学校参与，校企合作委员会统筹试点工作的基本模式。

在顶层设计层面，依托校企合作委员会，由行业主管部门任主任单位，高职院校专业学院或特色中职学校任副主任单位和秘书单位，联合合作委员会中的其他职业院校和行业企业代表，就人才需求情况进行充分沟通，整合企业资源参与试点工作任务。在试点中关注落实一体化人才培养模式，由高职院校牵头，2～3 所中职学校和行业企业代表参与，共同商议确定分阶段一体化人才培养方案，针对不同类型行业企业对职业院校学徒的不同要求，充分征求行业企业意见，针对性的细化中职阶段和高职阶段的人才培养方案，并将企业岗位考核标准融入学徒学习的过程中，通过运用考核结果督促学生高质量学习，结合学徒岗位学习成效探索企业轮岗培训机制，以提升学生的职业综合能力。

在推进实施层面，一是充分发挥高职院校的引领示范作用。由高职院校负责对接企业和中职学校，构建专业教学指导委员会，共同就试点专业标准、人才培养方案、课程标准、基本保障措施和管理制度进行研究，构建现代学徒制试点的区域标准，指导各专业试点工作在学校顺利推进。二是不断夯实中职学校的基础地位。中职学校重点围绕落实试点工作任务，挖掘区域专业特色，有针对性的邀请行业企业代表和高职院校对学校试点工作进行指导，并结合学校管理实际更新相关管理制度，支持试点工作不断深化。三是引导落实企业的双主体育人职责。企业代表作为双主体育人的重要方面，市教育局统筹各合作委员会通过校企合作恳谈会、职业院校企业行和职业院校教师下企业等一系列活动，不断增进校企之间的了解，并通过学徒制试点工作，点对点安排校企对接，共同探索校企合作中存在的现实基础，结合试点工作任务书探索现阶段能完成的任务，通过不断深化合作将企业文化、技术标准和岗位职责导入学徒培养全过程中，以更好适应行业企业人力资源需求。

由合作委员会在行业主管部门的指导下结合试点工作推进情况制定专业技能考核评价标准体系，充分吸纳行业企业意见，按照阶段性考核的任务要求，对学徒学习过程实现校企联合考核，并根据考核结果确定轮岗学习过程。通过创建合作委员会引领学徒制试点工作模式，推动产教融合不断深化。

### 4. 强推进

第一，开展系统化试点培训，专家引领试点工作不断深化。自 2016 年全市获批省级区域试点城市以来，市教育局邀请全国学徒制试点专家组组长赵鹏飞教授对现代学徒制试点工作实施意见进行解读、邀请湖北大学教育学院院长李梦卿教授现场对各学校专业试点实施方案进行指导，帮助学校明确试点工作的任务和方向。

第二，召开试点工作启动会，进一步明确试点工作任务。在获批部级区域试点城市后，组织全市中高职学校和行业企业代表，围绕现代学徒制区域试点工作进一步部署工作任务，重点就区域试点工作任务书和实施方案进行解读，围绕试点工作思路推进试点工作任务落实。

第三，指导督促各试点单位围绕任务狠抓落实。市教育局委托职教研究机构组织专家对各学校现代学徒制试点工作进行专项检查督导，及时对各学校试点工作情况开展教学指导，以帮助学校按照时间节点有序推进试点任务落实。各试点专业按照要求成立试点工作领导小组，组建专业教学指导委员会，签署校企合作协议和学徒三方(四方)协议，部分学校还联合企业组织拜师仪式，成立学徒制试点联合工作小组。

第四，阶段性总结推进工作常态化。通过构建 QQ 交流群，分阶段要求学校报送阶段性工作总结等要求，推进试点学校和专业按照时间节点落实共性工作任务，及时掌握各学校试点工作进度。对试点工作中存在的问题进行总结梳理，及时寻求解决办法，不断推动试点工作任务落实。

第五，问题导向举行试点工作专题教研活动。结合专业和试点阶段任务特点，分层次组织相关人员开展学徒制试点工作研讨活动。围绕专业试点工作中存在的具体问题，有针对性地通过研讨梳理思路，明确任务，以推进试点工作不偏离目标方向。结合中期验收要求，通过专题汇报和集中研讨，及时掌握各专业试点工作进展，确定验收工作材料要求，明确下一阶段试点工作重点任务，指导试点工作不断深化。

第六，课题引领，不断构建试点研究体系。围绕基于区域职教集团化办学的学徒制试点人才培养模式探索与实践，2017 年组织教研团队成功申报省教育科学规划重点课题，在此过程中对试点工作不断梳理总结探索实践，更好的指导推进了试点工作的落实。

### 5. 建机制

结合试点工作任务要求，重点指导各职业学校构建试点工作机制，不断总结经验保障试点工作常态化运行。

第一，双主体协同育人。重点从构建专业教学标准中明确学校和企业在人才培养工作中的职责和任务，通过审核试点企业基本条件，校企签署校企学徒制育人协议，学徒学习管理办法、企业师傅工作职责等一系列落实协同育人的制度和办法，明确学校和企业在协同育人中的职责和要求，为顺利推进试点工作奠定基础。

第二，推进招生招工一体化。中职教育阶段重点做好先招生后招工的系列制度探索。高职院校重点从先招生后招工和招生招工一体化等方面寻求突破，在原来的冠名班、试点班基础上进一步深化校企双主体育人模式，从制度层面规范学生进入和退出机制，按照相关法律法规有效保障学徒权益，逐渐形成招生招工一体化规范制度。对五年制一体化人才培养模式，重点结合标准做好分阶段育人实施方案，依托合作委员会的资源指导各学校分阶段完成教学任务。

第三，完善人才培养制度和标准。在校企协同育人的过程中，立足行业企业需求，着眼区域专业标准，从专业课程体系、校企育人条件、师资队伍标准等方面进行完善。指导学校依据区域专业标准结合校企育人条件制定具体实施方案，完善校企保障体系，构建校企督导制度，推进试点工作落地。

第四，构建共享师资队伍。在职业院校"双师型"教师队伍建设的基础上，吸纳选拔一批企业能工巧匠参与学校教学和学徒指导，有针对性地对企业师傅开展教学能力培训，创造条件安排学校教师进入企业挂职锻炼，通过双向人事交流制度构建师资队伍共享。

第五，完善试点管理制度。重点从校企双主体育人层面结合试点工作要求制定学徒管理办法、教师企业指导学徒工作要求和企业师傅工作规范等文件，明确校企双主体育人职责和要求，构建协商解决试点工作问题的机制，通过校企层面构建领导小组，专业层面校企共建专业教学指导委员会，实施层面构建专业教学组同企业车间的学徒联合指导小组，保障试点工作顺利实施。

### (二) 成效与问题

#### 1. 工作成效

在试点工作成效方面。一是进一步优化了试点工作平台。结合宜昌三峡职教集团工作，对专委会进行优化，将职教集团秘书处设到宜昌市教育局职成教科，加大试点工作统筹力度，对集团各专业合作委员会进行了调整，由行业主管部门任专委会主任单位，相关高、中职院校任副主任单位兼秘书单位，有关行业企业代表均为成员单位，为推动现代学徒制试点工作搭建了高效工作平台。二是注重试点任务的推进落实。通过系统化试点培训，引领试点工作不断深化。先后邀请试点专家到宜昌对试点工作进行培训指导，并安排各中高职院校相关同志参与全国现代学徒制试点培训班，不断提升试点工作实施能力。通过试点方案解读、阶段性工作总结、问题导向的专题教研活动、全面部署的试点工作专项督导等活动推动试点工作落实。在实施过程中，持续完善试点工作任务协调机制，不断深化试点工作任务落实。

#### 2. 存在问题

在试点工作推进中，主要存在以下四个方面问题：一是缺乏上位法支持，协调各方参与试点工作难度较大。结合转型升级中政府存在的实际困难，推动现代学徒制试点工作在不同的行业存在不同的实际问题，各方在征求意见中形成一致意见的难度较大。二是部门之间政策不一导致的观望氛围浓厚。人社部门已经有相关新型学徒制试点经费支持政策，而教育部门没有相关明确说法，导致部分企业参与积极性不高。三是学校对学徒制理解认识不到位。很多学校在推进中仍然简单地理解为冠名班的升级版，在推进落实中受技能高考和人民期待等方面的影响，具体落实中也存在不到位的情况。四是中职学生年龄较小，存在违法违规嫌疑。在具体实施中同劳动法相违背，在不同地区难以有效协调一致，对推进相关工作带来了实际困难。

# 第二节　试点院校实施案例研究

## 一、H 职业技术学院现代学徒制试点个案分析

H 职业技术学院(以下简称 H 学院)系东部省会城市人民政府主办的以工科类专业为主的普通全日制高等职业技术院校。H 学院是浙江省"示范性高职院校"、"国家骨干高职院校"、浙江省优质高职院校建设单位、"国家优质高职院校"、中国特色高水平高职学校建设单位(B 档)。H 学院于 2017 年正式立项为教育部现代学徒制第二批试点单位，参与试点的专业 3 个，分别是物业管理、电梯工程技术、机械设计与制造，与浙江西子航空工业有限公司、奥的斯电梯公司、浙江省特种设备检验研究院、杭州万科物业服务有限公司等行业、企业建立了现代学徒制校企深度合作关系。学校自 2017 年 9 月获批教育部第二批现代学徒制试点单位以来，以校企共同体为依托，有效地整合学校和行业以及主流企业的教育资源，认真对照任务书和实施方案逐步开展现代学徒制试点相关工作。

（一）实践探索

### 1. 建校企共同体，初步构建了现代学徒制特征的协同育人机制

一是明确校企责任，成立了现代学徒制领导小组。学校和企业联合成立了现代学徒制试点工作领导小组，由校长担任组长，教学副校长任副组长，各相关企业负责人、职能部门、二级学院负责人任成员，落实责任制，定期召开现代学徒制工作会议，明确校企双方的职责与分工，共同商讨解决有关试点工作重大问题。3 个国家级试点专业都成立了工作小组，15 个校级现代学徒制试点专业与行业企业联合成立了专业指导委员会。完善运行机制，丰富了校企共同体合作模式。学校力推"企业主体、学校主导"的校企共同体合作育人机制，修改了《校企共同体合作办法》，在以"友嘉模式"、"达利现象"为代表的校企共同体基础上，深化和外延共同体内涵建设，形成了杭州动漫游戏学院的"政行企校"模式、特种设备学院的"行企校"模式、彩虹鱼康复护理学院的"企业托管"模式、安恒信息学院的"专企融合"模式等。学校有序整合了省特检院的特种设备行业资源、高职院校的教育资源和企业的市场资源，发挥"学校办学力"、"行业资源力"、"企业市场力"三大优势，在服务电梯工程技术专业建设基础上，创建了电梯评估与改造应用技术协同创新中

心，为推进现代学徒制人才培养搭建了校企合作基础与发展的良好平台。校级现代学徒制试点专业多点开花，如与康迪电动汽车集团签订合作共建"康迪新能源汽车协同创新中心"协议，协同建设"康迪新能源汽车学院""康迪新能源汽车研究院""康迪新能源汽车共享研究中心"，企业 2000 万设备放在学校，出资 20 万元设立"康迪专项基金"；与浙江圣奥家具制造有限公司订单培养市场营销专业人才；与浙江吉利汽车有限公司合作，共同实施"成蝶计划"人才培养计划；与 85 度 C(浙江)管理有限公司、杭州墨匠信息技术有限公司、杭州福膜新材料科技股份有限公司、文思海辉技术有限公司等企业合作签订协议，共同试点现代学徒制。

三是校企精准对接，构建不同层面的对接机制。建立现代学徒制校企合作运行机制，实施理事会领导下的院长负责制，建立了院长与企业厂长、专业负责人与车间主任、教师与师傅的三对接制度，协调解决现代学徒制人才培养过程保障、课程开发、师傅遴选、教学安排等问题。

### 2. 校企联合，探索推进招生招工一体化

学校积极推进招生与招工一体化，物业管理专业提出"招生即招工，入学即入职"的联合招生机制，物业管理专业与杭州万科物业服务有限公司制定《物业管理专业现代学徒制提前招生实施细则》，明确提前招生计划、学生(学徒)选拔标准、培养方式、激励措施等，并将其写入提前招生章程，共同进行招生宣传，并联合组建专家组，开展面试等工作，选拔万科物业管家培养人才，入选学生(学徒)签订三方协议，2018 级新生完成提前招生录取 45 人。西子航空班、电梯技术专业学徒制班则采取"先招生、后招工"的方式，从友嘉机电学院、特种设备学院的机械设计与制造、电梯工程技术等相关专业范围内通过双向选择，即在第 3 学期从普通班学生中进行选拔签约，遴选组建一个 20～30 人规模的试点班。学生从一年级开始认识参观企业，企业宣讲后学生报名，通过技能测试和面试，企业确定人选，举办开班仪式并发放录取通知书，举行拜师仪式，培养学徒身份。

### 3. 校企共研，全面推进现代学徒制人才培养模式改革

一是校企共同商定人才培养规格，修订人才培养方案。学校出台了《杭州职业技术学院 2017 级现代学徒制试点专业人才培养方案制定原则意见》，根据专业领域和职业行动能力的要求，参照行业企业相关的职业资格标准，重构突出专业能力、职业能力和社会能力培养的人才培养方案，先后制定了物业管理、电梯工程技术、机械设计与制造 3 个专业的现代学徒制人才培养方案。例如，机械设计与制造专业采用"1.5 + 0.5 + 1"的形式，即1.5 年为专业基础课程学习时间，第四学期开始针对西子航空班开设特色课程学习为期 0.5年，第五学期进入企业培训直至毕业为期 1 年，企业与学校双主体育人，对毕业生进行三证合一的培养，即毕业证书、学历证书以及行业证书；电梯工程与技术专业的"奥的斯电梯学徒班"则是一年在校内奥的斯学徒培训中心培养，由企业师傅常驻学校教学，学徒半

年跟岗学习,逐步形成稳固的学徒培养体系和考核体系,推进现代学徒制人才培养模式的探索;物业管理专业分别与万科、滨江、金都、绿城等四家行业主流企业合作共建"厂中校"学习站,落实"厂中校"课程并顺利实施教学任务;其他校级试点专业如环境工程技术专业与紧密合作企业开展"双循环"工学交替教学模式等。

二是校企共同明确人才培养目标,开发现代学徒制特色课程体系。各试点专业立足岗位的技术技能训练和职业素质的养成,开发了适合本专业且能充分体现现代学徒制特色的课程体系。电梯工程技术专业以电梯岗位实践需求为培养目标,在明确四大工作任务(MIAS)基础上,实施技能培养阶段化(电梯维保、电梯装调、电梯大修三个阶段)。以七大电梯模块为载体,重点建设《电梯维修与保养》等专业骨干课程,最终建成基于工作岗位的"梯级递进、学岗融通"课程体系;工业设计专业与索菲亚等企业深入合作,开展销售型设计师的人才培养方案和课程体系开发与教学,实施现代学徒制培养;机械设计与制造专业重构课程体系,以飞机钣金成形工艺与铆接装配技术替代机械加工工艺课程,以航空识图与CATIA 替代 CAM 技术应用课程,以航空基础英语替代机械专业英语。

三是积极探索教学改革与创新,实施校企双师共育模式。以现代学徒制试点为切入点,学校大力推进教学改革与创新工作,从优化课程体系、开发课堂教学资源、创新课堂教学方式、强化教学质量监控等方面营造重视课堂教学的良好氛围,2017 年立项以现代学徒制研究为主要内容的省级教育教学改革项目和课堂教学改革项目 3 项,校级教改课题 87 项,不断提高教学改革水平。实施了小班化、班级订单式、现代学徒制、导师制、实训环节分组分批实施、双师合作授课等形式多样的课堂教学,课程教学融入企业项目,小班化比例达到 45%以上,不断提高课堂教学效果。校企共同实施工学交替教学形式,校企双师共同承担学生(学徒)的教学任务。机械设计与制造专业在第 3 学期,通过双师授课的形式完成学徒制课程,学生定期到航空制造企业进行认识实习,邀请企业专家到校开设专题讲座;第 4 学期,采用 2 个月在学校、2 个月在企业的工学交替模式,通过"学期项目"形式进行专业核心技能学习;第 5～6 学期:校企双方选聘各岗位工艺主管作为指导师傅,以一对一的形式,全程指导学生的技能培养和操作规范养成,并对所带学徒进行综合评价;物业管理专业实行"1＋1＋1"的教学组织模式,即"1 个企业导师＋1个校内学习导师＋1 组学徒"模式。第 1～2 学期为基础技能和基础知识学习期,采用学校导师传授理论课,企业导师重点传授技能、企业文化、职业素养等内容。第 3～4 学期为理论实践交互学习期,校外导师和校内导师共同通过专项活动、专题讲座等形式学徒学习指导。第 5～6 学期,学徒进入"厂中校"学习站,遵循双向选择的原则,重新进行"现代学徒班"结对。

## 4. 校企共建,互聘共用共享专业师资队伍

一是制定了现代学徒制"双导师"教师管理办法。出台了《杭州职业技术学院现代学

徒制师资管理办法》《杭州职业技术学院现代学徒制师傅标准》等，将学校教师和企业能工巧匠与岗位师傅等优质资源高度整合，建立了行业师资库，教学任务由学校专业教师和企业师傅共同承担，形成双导师制。企业选拔优秀高技能人才担任师傅，明确师傅的责任和待遇，师傅承担教学任务，并纳入考核，同时享受带徒津贴。

二是遴选组建了一支优良的师傅团队。各试点专业与合作企业建立了技艺精湛的师傅团队，目前在库师傅超过 100 人。仅电梯工程技术专业，浙江特检院就为学校建立了由教授级高工 3 人、高工 84 人、博士后 2 人、博士 8 人、硕士 92 人，博导 2 人组成的兼职教学专家队；奥的斯电梯公司也与学校共筑发展均衡的双师型教学团队，由 17 名企业一线技师常驻学校参与基地的教学和管理工作，多方共同实施现代学徒制电梯人才培养。

### 5. 校企共管，建立适合现代学徒制可持续运行的管理制度

校企共同修订完善了《校企共同体管理办法》，促进现代学徒制管理机制的"多元发展"，建立和完善基于"校企共同体"现代学徒制试点的各类标准，校企双方联合制定了《现代学徒制课程标准》、《岗位标准》、《毕业出师标准》、《学徒标准》和《师傅标准》等统一实施标准，实现多样化发展；出台《杭州职业技术学院现代学徒制教学管理实施办法(试行)》，确保现代学徒制的人才培养质量。如电梯专业建立了"1334"评价体系，推行以保障电梯公共安全为准则的评价理念，企业、行业协会和学校三方依据各自培养目标及认定流程，从企业技能要求、行业素质评判、学校成绩考核三个维度进行考核评价。

### (二) 成效及问题

#### 1. 主要成效

一是创新和拓展基于"校企共同体"的现代学徒制育人模式。在全国首先提出"政府引领、企业主体、学校主导"的校企共同体体制机制办学模式，近几年不断深化探索"校企共同体"内涵，以专业、行业特征为根本依据，探索发展了不同模式的"校企共同体""专企融合""政行企校""行企校""企业托管"等合作模式。一是以杭州动漫游戏学院为重点，打造"政行企校"合作模式；二是以西子航空学院和安恒信息学院为重点，深耕"专企融合"合作模式；三是以彩虹鱼康复护理学院为重点，构建"企业托管"合作模式；四是以特种设备学院为重点，探索"混合所有制"模式。初步形成了具有显著特色的六大运行机制，校企合作育人机制引领全省、示范全国。

二是初步建立了基于现代学徒制的学生职业素养教育体系。学校重视学生的职业素养教育，将学生职业素养能力要求明确写入人才培养方案中，并多次开展职业素养融入专业课程的研讨会，开展职业素养教育融入课堂教学比赛，同时着力发挥校企深度合作优势，通过走进企业调研、广泛征集案例、观摩典型经验、论坛解析困惑等途径，增强企业师傅和专业教师的职业素养教育能力；通过改进实践教学环节、强化行业技能竞赛、创新课外

活动载体等，推动"一二三课堂"形成有效合力；通过企业文化与校园文化的深度融合，全面提升学徒的职业道德水平，以及学徒对企业的归宿感和对行业的自豪感，建构并完善基于现代学徒制的职业素养教育体系。

### 2. 存在问题

一是现代学徒制人才培养质量保障制度体系有待进一步完善。3 个试点专业在学校(企业)、专业、课程、教师(师傅)、学生(学徒)等五个横向层面尚未建立起相对独立的质量自主保证机制，在决策指挥、质量生成、资源建设、支持服务、监督控制等五个纵向系统间还未形成相互协调配合的质量依存关系，构建全要素网络化的内部质量保证体系还有待进一步加强。

二是现代学徒制学生留企率有待进一步提高。在试点专业中，学生留企率依然偏低，不能很好地满足企业对高技能人才的需求。如西子班的实践中，两届 27 位毕业生中最后稳定留企就业的有 10 人，留企率为 37%。

三是现代学徒制教学资源有待进一步整合与优化。在现代学徒制试点过程中，形成了一系列教学资源，如教材、教案、线上线下材料等，但尚未形成有效的系列教学资源库，成果方式较为单一。

## 二、C 职业技术学院现代学徒制试点个案分析

C 职业技术学院((以下简称 C 学院)是由西部某直辖市人民政府举办、民政部与市政府共建的公办全日制普通高等学校。学校是国家示范性骨干高职院校、国家优质专科高职院校、"中国特色高水平高职学校和专业建设计划"建设单位、全国职业教育先进单位、全国普通高校毕业生就业工作先进集体、国家技能人才培育突出贡献单位、创建全国文明校园先进学校、XX 市首批市级示范性高职院校。C 学院于 2017 年正式立项为教育部现代学徒制第二批试点单位，参与试点的专业 4 个，分别是连锁经营管理、摄影摄像技术、社会体育、软件技术，与重庆永辉超市有限公司、重庆海印餐饮管理有限公司(重庆麦当劳)、四川华润万家生活超市有限公司、重庆金夫人实业有限公司、重庆海派实业集团股份有限公司、威康健身管理咨询(上海)有限公司、重庆超越健身有限公司、上海智隆信息技术股份有限公司等 8 家企业建立了现代学徒制校企深度合作关系，4 个试点专业首年(2017 年)试点学生 162 人。

### (一) 实践探索

### 1. 校企协同育人机制

着力完善学徒培养管理机制，明确校企双方的职责与分工，推进校企紧密合作、协同

育人。完善校企联合招生、共同培养、多方参与评价的双主体育人机制，构建"学校与企业双主体、学生与学徒双身份、教师与师傅双指导、工作与学习双途径、技能与素养双提升、就业与职业双发展"的"六维一体"协同育人模式。

### 2. 招生招工一体化

制订了《现代学徒制招生与招工管理办法(试行)》、《现代学徒制招生与招工方案》，初步构建了职业院校招生录取与企业用工一体化的招生招工制度。签订学生、学校和企业之间的三方协议，明确学徒的企业员工和职业院校学生双重身份，明确各方权益及学徒在岗培养的具体岗位、教学内容、权益保障等。

### 3. 人才培养制度和标准

按照"合作共赢、职责共担"原则，校企共同设计人才培养方案，共同制订专业教学标准、课程标准、岗位技术标准、师傅标准、质量监控标准及相应实施方案。校企共同建设专业课程体系，开发专业教学内容和教材。

### 4. 校企互聘共用的师资队伍

制订了双导师制度，初步明晰了双导师的选拔、培养、考核、激励措施，形成校企互聘共用的管理机制，明确了导师的职责和待遇。合作企业负责选拔优秀高技能人才担任师傅，明确师傅的责任和待遇。院校将指导教师的企业实践和技术服务纳入教师考核并作为晋升专业技术职务的重要依据。建立了校企双方共同制订双向挂职锻炼、联合技术研发、专业建设的激励制度和考核奖惩政策。

### 5. 体现现代学徒制特点的管理制度

建立健全了与现代学徒制相适应的教学管理制度，主要有：成立了现代学徒制领导小组，制订了现代学徒制试点项目管理办法、现代学徒制学徒管理办法、现代学徒制学分制学籍管理补充规定、现代学徒制双导师管理办法(讨论稿)，为试点学徒落实责任保险、工伤保险，确保人身安全。各个试点专业与合作企业共同制订以育人为目标的学徒考核评价标准，建立多方参与的考核评价机制、定期检查、反馈等形式的教学质量监控机制。

## (二) 主要成效及存在问题

### 1. 主要成效

一是制度先行，管理规范，过程控制。在立项建设过程中，先后制订和完善了学徒制项目管理及教学管理的相关制度，以制度为先导，规范试点项目管理。同时，利用企业微信文件盘等信息技术手段，即时记录学生管理信息，加强过程控制，规范文档管理。

二是专属方案，特色岗位，个性培养。通过与合作企业的深入融合，多次进行校企双方交流探讨，形成了具有专业特色的现代学徒制人才培养方案。同时，针对不同的实践岗位，校企联合制订不同的培养方案和目标，实施个性化培养。如连锁经营管理专业，根据不同企业不同岗位，构建学生从"学徒—员工—经理人"的渐进式成长路径，根据不同的阶段、不同身份，分别制订差异化的培养计划，针对性、个性化的培养模式有效提高了人才培养质量。

三是落实标准，注重科研，总结凝练。在制度保障的前提下，着力进行专业教学标准、课程标准、岗位技术标准、师傅标准、质量监控标准以及教材建设等方面的校企深度融合。注重对试点过程中的经验进行总结，先后凝练出"六维一体"的协同育人模式、"3 + 2"(3天学校学习、2 天企业实岗训练)教学组织与运行模式、"学徒—员工—经理人"的渐进式人才成长模式、"三元、三阶、四维"实训评价体系等试点经验。立项现代学徒制教研教改项目 12 项。

### 2. 存在问题

一是政府层面缺相关法律法规、政策不完善。在如何保证招生和招工一体化、校企双方的权利责任、企业补偿金、学徒身份地位等涉及诸多实际举措方面没有明确规定，特别是对企业的激励和约束机制没有形成，使得现代学徒制的实施存在较大困难。

二是企业的合作积极性不高。影响企业参与积极性的主要原因是企业关心眼前利益，缺乏储备人才的战略意识。企业要为学徒安排实习岗位、提供师傅进行辅导，要留住学生还要支付相应薪酬，增加了直接成本，而耗费人力、物力、财力培养出来的学徒，在合同到期后流失的可能性很大，增加了间接成本。建议政府部门能出台一些政策为合作企业弥补成本上的损失，确保项目实施。

三是校企招生招工一体化难问题。由于受各地招生制度的限制，不能真正实现"招生即招工、入校即入厂"，一般采用的是"先招生后招工"的模式。

四是第三方评价机制还有待加强。目前，现代学徒制试点项目的实施基本仅以职业学校为主，政府、企业、行业与第三方评价的全面合作机制尚不明确。

## 三、G 职业技术学院现代学徒制试点个案分析

G 职业技术学院(以下简称 G 学院)位于中部某省省会城市，隶属省教育厅，是以钢铁冶金为特色的高职院校。学校是国家示范性高职院校、国家优质校(省排名第一)、"中国特色高水平高职学校和专业建设计划"高水平学校建设单位。G 学院于 2017 年正式立项为教育部现代学徒制第二批试点单位，参与试点的专业 3 个，分别是汽车检测与维修技术、电子商务、应用电子技术。

## (一) 实践探索

### 1. 学校与企业对接，探索校企"双主体"育人长效机制

一是构建了"2＋3"的组织体系。二个办学主体，三个合作企业，共建成立了现代学徒制试点工作领导小组，制定了《现代学徒制校企合作管理办法》，并确立了定期协商机制。在领导小组的统筹领导下，三个现代学徒制试点专业分别成立了现代学徒制试点专业项目工作小组，小组成员包含校企双方管理人员和教学人员，具体负责项目的组织、实施、管理和质量保障；组织对项目的建设内容和年度计划进行论证、审核和统筹；制定项目管理文件，并监督实施，定期会商和协调解决项目实施过程中的问题。二是搭建了"1＋3＋3"制度框架体系。一个《招生招工一体化实施方案》，探索建立现代学徒制招生与招工一体化运行机制。三个现代学徒制育人文件，《人才培养方案指导意见》《人才培养日常教学管理暂行办法》和《河北工业职业技术学院双导师管理办法》，形成校企互聘共用的管理机制。三个现代学徒制评价体系文件，《教学质量监控标准》《多方评价管理办法》和《现代学徒制考核评价细则》，为校企"双主体"育人机制的优化与完善工作提供重要指导。三是合建了"真实环境＋共建共享"的实训基地建设体系。以提高校企协同育人质量为导向，按照企业的生产过程和生产环境，建立人才共育、过程共建、成果共享的专业实训基地，共同监管基地运行工作，共同分担育人成本。

### 2. 招生与招工对接，实现招工招生一体化

一是共同制订招生招工一体化方案。依托校企协作的现代学徒制试点工作领导小组，与合作企业成立"招工招生领导小组"，校企共同制定《G 职业技术学院招生招工一体化实施方案》，明确学生(学徒)的培养模式和培养目标。二是实施"理论考核＋技能面试"的招生手段。借助国家、省招生模式改革的利好政策，结合企业实际需求，将企业的用人标准纳入单独考试招生测试范围，制定评价标准，利用单招政策理论考核再加上企业面试联合选拔学生，遴选符合企业标准的优质人才。三是规范招生用工程序。坚持合作共赢、责任共担的原则，校企共同组织单独招考，一经录取，即由学校、企业和学生(学徒)签订"三方协议"(对于年满 16 周岁未达到 18 周岁的学徒，须由学徒、监护人、学校和企业签订"四方协议")。

### 3. 实现"三对接"，重构人才培养模式，重构课程内容、课程体系及专业教学标准

学院按照专业设置与产业需求对接、专业课程与职业标准对接、教学过程与生产过程对接，"三对接"的要求，打造"校企合作双主体、工学结合双导师、学生员工双身份、思政引领双文化、联合培养三协同"的现代学徒制人才培养模式。

### 4. 校企共建育人团队，完善校企互联共用管理机制，双方锻炼合作培养现代学徒制人才

一是打造了校企教学团队。通过坚持"产教融合、做中教、做中学"的教学理念，建

设了一支适应一体化课程教学的校企互聘、互用的师资队伍。二是健全了双导师管理制度。校企通过共同制定的《河北工业职业技术学院双导师管理办法》，完善双导师制，建立健全双导师的选拔、培养、考核、激励制度，形成校企互聘共用的管理机制。三是开展了校企双向锻炼。学院与合作单位建立灵活的人才流动机制，建有完善的教师培养规划和轮训制度，建立了教师企业实践锻炼、专业教学能力提升等长效机制。支持企业导师参与带徒培养的同时，鼓励学校教师参与企业技术研发联合开展课题攻关。

**5. 教学管理与生产管理对接，建立现代学徒制特点的管理制度，破解现代学徒制运行的难题**

一是探索教学运行制度。完善《现代学徒制校企联合培养协议》，建立健全《河北工业职业技术学院现代学徒制学徒管理办法》，制订《河北工业职业技术学院现代学徒制教学管理办法》不断探索和实施与现代学徒制相适应的系列教学管理制度。制定了《河北工业职业技术学院学分制和弹性学制管理办法(试行)》，初步建立起了具有现代学徒制特色的学分制与弹性学制理论框架和具体操作模式。二是完善质量监控制度。学院创新了考核评价和督查制度，根据《河北工业职业技术学院现代学徒制教学管理办法》，全面监督学徒的学习和工作情况，合理安排学生学徒工学交替时间，标准化学校教师与企业导师监管职责交接流程，宏微兼顾式驱动学徒完成全过程的学习和工作任务。

## (二) 主要成效及存在问题

### 1. 主要成效

(1) 固基础，初步建立推动现代学徒制试点运行的体制机制。从无到有，从单一性设计到全局性设计，按照目标导向、问题导向的原则，构建了"2＋3"的组织体系，搭建了"1＋3＋3"制度框架体系，合建了"真实环境＋共建共享"的实训基地建设体系。

(2) 明特色，构建多样化的人才培养模式。学院突出办学特色、行业特色和专业特色，进一步完善协同育人的人才培养模式，增强人才培养与经济社会发展和企业需求的契合度，加强校企共建，强化实践育人。如汽车检测与维修技术专业实施"工学交替、校企轮岗"现代学徒制式人才培养模式。电子商务试点专业积极探索校企合作、双主体育人的"企业员工式"人才培养模式，依托国家级众创空间——育米众创空间入驻企业实际工作项目，实现专业教学与企业运营相结合，教学场地与运营环境一体化。应用电子技术试点专业借鉴德国"双元制"，与博西家用电器江苏服务有限公司联合探索培养白色家用电器产业管护、维修一线的、具有良好职业道德和敬业精神的高素质客户服务人才。形成了"双主体、三同步、四融合"的现代学徒制人才培养模式。

(3) 强应用，校企协同重组课程体系。汽车检测与维修技术试点专业构建基于成果导向、校企双驱动课程体系。通过校企双驱动，构建嵌入式平台课程体系，学生在学校和企业之间定期进行理论和实践轮换学习，使理论学习以实践为导向，实践学习以理论为基础，强化了学生职业能力的培养。将职业标准融入定向课程，与长安福特汽车有限公司联合开发《长安福特 STWP 实训(训练项目 1-45 项)》等相关教材共 14 本。与上汽通用汽车有限公司联合开发定向课程 9 本。实现了职业标准与课程内容对接，使人才培养符合企业用人标准。电子商务试点专业对接行业标准，构建基于"真实企业项目"的课程体系。2017 年"双十一"、"双十二"期间，电商专业与金伟达、姿美堂、百世汇通等公司合作，引企入校开展为期 40 天的商务实战，学生在校内即可通过真实工作内容锤炼专业技能、感受企业文化、提升职业素养。同时，商务实战为合作企业提供了新的人才输送模式，真正实现了校、企、生三方共赢。在实战期间，参与姿美堂公司项目的 42 名学生负责衔接前端电商平台与后端会员运营，通过电话共成功沟通 35 000 人左右，为企业创造产值约 600 万左右，获得了企业的高度认可。参与百世汇通项目的学生团队获得公司全国业绩第一名。

(4) 重协同，校企共建基于生产线的实训基地。学院建成实训基地 6500 平方米，校企总投资 830 万元。如电子商务专业与企业合建育米众创空间，该空间于 2016 年被科技部认定为国家级众创空间，被纳入国家级科技企业孵化器管理服务体系，该空间聚集了电商企业资源，成功搭建科技类创新创业平台。目前入驻创业公司集团队 30 余家，为电商专业学生人才培养和创新创业提供了优质的平台、导师、真实工作项目等资源。通过校企合作建设实训基地，不但整合了学校和企业的资源，让资源发挥了最大效益，减少了学校办学成本，增强了学校的办学实力，更使学生得到了全方位的培养，人才培养质量得到显著提升，形成了教育与企业紧密结合的互动模式，实现教学服务企业，企业带动教学的双赢局面，充分体现了现代学徒制人才培养模式的优越性，为现代学徒制人才培养模式的实施提供了有力支撑。同时，也逐步形成的实训基地不光是学生提高职业技能的主课堂，也是教师提高专业技能水平的主阵地。

### 2. 存在问题

一是现代学徒制试点建设体制机制有待进一步完善。学院现代学徒制试点专业虽在组织体系、制度体系和实践教学体系等方面进行了探索，积累了一定的经验，但在多方参与评价的育人机制方面仍需进一步健全和完善。

二是现代学徒制人才培养模式改革有待进一步深化。学院虽在现代学徒制人才培养模式、专业课程体系构建等方面进行了改革，但在具体专业教学标准、岗位技术标准、质量监控标准等方面仍需进一步深入推进实施。

三是多方主体参与现代学徒制试点积极性有待进一步提升。学院虽在双导师的选拔、培养、考核、激励等方面进行了实践探索，但仍需在提高薪资待遇、职级晋升等方面加强激励，进一步提高校企专业教师和企业师傅参与学徒制的积极性。校企虽在三方协议中确定了学徒的身份，明确了学徒的待遇，但在具体执行过程中存在一定偏差。需进一步加强过程管理，落实学徒权益保障制度。

四是现代学徒制试点典型经验有待进一步推广。学院虽有近一年的建设实践，形成了试点操作办法，积累了一定的经验，但仍有待进一步总结提炼，以形成具有特色创新的，能为同类院校提供可借鉴、可复制的做法和经验。

## 四、S 职业技术学校现代学徒制试点个案分析

2017 年 8 月 S 职业技术(集团)学校与湖北正奥汽车附件股份有限公司(后改名：湖北正奥比克希汽车电气系统有限公司)共同开展汽车运用与维修专业"现代学徒制"人才培养模式试点。经过探索，形成了校企现代学徒制培养特色，即将现代学校教育与传统学徒制相互融合、围绕企业用工和现代产业用人标准，以学生(学徒)技能培养为核心，以校企的深度融合为基础，在吸收传统学徒制"边看、边干、边学"的现场学习优势上，融合学校(教师)、企业(师傅)深入教学为支撑的"三环四步一体化"现代学徒制培养模式。

### (一) 实践探索

#### 1. 三环相扣

根据湖北省中职学校"2.5+0.5"人才培养模式，学校"现代学徒制"教学采取学校、企业、家长三方参与的形式完成培养过程，形成了相互合作、相互监督、三方各尽其责，共同承担人才培养责任的三环相扣机制，体现了"现代学徒制"职业教育模式核心内涵。学校方面由寇伟校长亲自挂帅，胡学新副校长主抓落实；企业方面由正奥公司总经理孟祥林、人力资源部部长张肇等组成现代学徒制工作组，负责顶层设计，双方各自在单位成立现代学徒制工作办公室，共同研究制定合作探究模式；同时，校企双方派出专业素质过硬的专业教师和企业工程师(师傅)组成"现代学徒制"教学讲师团队，负责人才培养方案、专业课程建设、教学方式改革、学生(学徒)考核选拔评定等工作的落实。校企深度合作，根据"现代学徒制"的人才培养模式和核心内涵，做到八个共同：共同制定人才培养方案，共同开发课程，共同制定教学计划，共同编写教材，共同建设实训基地，共同培养师资，共同实施教学，共同进行学生评价。在招生、就业、教学、科研、技术服务等方面进行有效合作，实现学校和企业的深度融合，建立职业教育人才培养新模式，提升人才培养质量。

#### 2. 四段学习

第一阶段(前 2 学期)基础能力学习，为在校文化基础、专业理论和实操基础学习阶段。根据校企共同制定的人才培养方案实施课程教学，校企双方共同参与人才培养。企业生产、产品制造、生产流程等相关课程由企业主讲，如企业文化及素养课程由企业经理授课，汽车电工基础课程等专业基础由企业师傅到校传授。

　　第二阶段"一对多"装配技能培训(第 3 学期)。此阶段学徒时间为一个学期并整班推进，学校主要安排学生到正奥公司顶岗实习，以学习汽车线束装配技术和体验企业文化为主。师傅由正奥企业考核挑选具有丰富企业实践经验的工程师担任，学徒由校企双方共同进行选拔考核挑选，进入企业进行"一对多"分组师徒帮带学习阶段。学生在企业做学徒期间，根据专业选择 3 个工作岗位，由企业师傅带领实践学习，企业提供住宿、购买工伤保险、创造继续学习机会并给予一定的生活补助(每天不低于 60 元)，每天工作时间不超 8 小时。

　　第三阶段"一对一"企业专业学徒实践(第 4、5 学期)。此阶段学徒时间不超过 3 个月，根据第二阶段学生在企业的表现在各班进行选拔挑选，人数不超过 30 人为宜，学校结合十堰张龙大师工作室的安排在亨运汽车维修企业给学生提供实习机会。由企业、学校、学生三方共同签订人才培养协议，师傅"一对一"帮带徒弟学习。此阶段徒弟的考核由师傅负责，学校则派出教师协助企业全程跟踪与管理，师傅的考核由校企共同评价绩效。学生在企业做学徒期间，根据专业选择 3 个工作岗位，分别由企业师傅带领实践学习。

　　第四阶段选拔顶岗实习阶段(第 6 学期)。由企业制定相应考核内容和考核标准，对学徒进行综合考核，学生考核通过后，由学生和企业进行双向选择，双方签订劳动就业协议，结束学徒，成为企业正式员工，学徒享有进入正奥和亨运公司工作的优先权。

### 3. 一体化管理

　　围绕着"在做中学，学中做"的一体化教学思想，对学校和企业的教育资源进行深入整合，实现校企一体化育人。一体化的重点是学校和企业教育资源的融合，它包括管理一体化、资源一体化、教学一体化和师资一体化等内容。管理一体化为校企围绕人才培养目标建立统一的管理机制，建立校企高层之间的协调机制以及现代学徒制项目工作办公室，明确项目专项资金使用办法等，一体化的管理团队和管理机制有力地保障了现代学徒制的开展。资源一体化，包括学生的师资资源、生源资源、专业资源、实训基地资源和企业的培训资源、师傅资源和品牌资源以及其他社会资源等的一体化融合。教学一体化是指围绕人才培养方案和教学计划开展的教学和实习具备一体化特征。学生学习的专业理论知识和实践操作能力是统一的，校内课堂以理论学习为主，也可以实施一体化教学，企业课程以实践能力培养为主，也可以实施部分理论教学，学生通过边看、边学、边做，将应知的专业理论和应会的操作技能紧密结合在一起，最终获得一体化的工作能力，而不是单纯的理论知识或单纯的实践经验。师资一体化是为保证教学质量由校企共同组建的讲师团队，包括学校的专业骨干教师、实习指导教师，企业的经理、高级工程师以及熟练师傅。学校教师授课时，企业师傅可以在场，企业师傅传授实践经验时，学校教师也可以在场，企业师傅与学校教师之间进行互相学习。同时安排每周一次讲师对接会议，对本周的教学进行研讨，随时完善知识点和教学方案，保障人才培养的质量。

(二) 主要成效及存在问题

## 1. 主要成效

一是深度合作促共赢。通过第一学年的摸索，学校和企业以企业用人需求为目标，以校企深度合作为基础，以学生(学徒)培养为核心，采用工学结合、半工半读为形式，以教师、师傅联合传授为支撑，校企双方各司其职、各负其责、各专所长、分工合作，从而共同完成对学徒(员工)的培养。该合作培养的模式将工作岗位的技能训练与学校课堂的专业教学紧密结合起来，既重视专业知识的灌输和全面素质的培养，也重视专业素养和从业技能的训练，增强了学校与企业双主体办学的融合度，也促进了学校专业教师技能水平的提升。

二是校企融合育工匠。通过校企双方合作提供培训课程，将学校学习与企业岗位培训相结合，注重"做中教"、"做中学"，不但使学生在上岗前得到良好锻炼，提前掌握职业技能，提高职业素养，实现"零距离上岗"，按照学生→学徒→准员工→员工的路径培养人才，也使企业在学生实习期间可以对其进行较长时间的观察，对优秀学生进行挑选，真正达到优化用工的目的。对学生而言，大部分学徒从职业技能、职业素养等方面得到了较大的提高，对专业的理解和就业前景有了较高的认识。

三是情境教学促主动。通过这样一种真实的情境教学，师生和师徒处于同一教学情境下，相互促进，相互启发，成为具体任务和项目的设计者和执行者，最大限度地调动学习的兴趣，积极参与学习过程，使学习的意愿和学习的效果达到最强和最优。而且在学习过程中，遇到问题时，师傅就能够在第一时间对学生做出具体的指导和建议。正是这种即时沟通与反馈，促进了学生的学习进程，使学生的疑问即时得到解决，对提高学生的学习兴趣和学习效果都有重要意义。

## 2. 存在问题

一是优质合作企业的遴选难。目前，由于缺少有效的政策支持，企业参与校企合作、产学合作的实际利益没有得到有效体现，加上学校自身实力不强、缺乏吸引力，企业行业参与校企合作的积极性不强；企业由于市场及人力资源需求的不确定性，使优质合作企业的遴选难度加大。

二是企业指导师傅的选拔难。由于企业和学校的体制不一样，在师傅选拔中，将那些吃苦耐劳、敬业爱岗、作风正派的能工巧匠、业务骨干、技术负责人等纳入到师傅资源库，需要通过物质或精神方面的奖励去激励师傅努力工作；同时师傅之间、专任教师和师傅之间、师徒之间因为体制的原因增加了交流和沟通的难度。需要及时调整、纠正实施中的错误或不恰当的地方，总结推广成功的经验；加强与师傅所在企业的沟通渠道，使带徒工作成为企业工作的一部分，为师傅顺利开展工作创造良好环境；同时要加强对师傅的培训和指导，使其尽快成长为一名德艺双馨的双师型教师。

三是校企人员互兼互聘执行难。现代学徒制试点工作加强了校企的密切合作，促成了校企管理、技术人员的互兼互聘，但存在该部分人员的管理、薪酬发放落实不到位等政策支持。

四是学生年龄小身份转换难。中职学校绝大多数学生入校时只有 16 岁左右，在推进现代学徒制试点时面临的最大问题是学生年龄不到 18 岁，在进入企业实践时与国家相关政策矛盾，企业在接收时顾虑多等难度。

## 五、H 科技工程学校现代学徒制试点个案分析

H 科技工程学校(以下简称"H 学校")，是一所国办省属国家级重点中等专业学校，是国家级实验实训基地，位于东部某省城市。根据《教育部办公厅关于公布第二批现代学徒制试点和第一批试点年度检查结果的通知》(教职成厅函〔2017〕35 号)，该学校电子商务专业列入 2017 年国家第二批现代学徒制试点项目。学校与江苏京东信息技术有限公司、北京俏当家电子商务有限公司、保定巡洋龙商贸有限公司，签订了电子商务专业现代学徒制校企合作协议，开展深度校企合作。

### (一) 实践探索

#### 1. 农村电商"234"人才培养模式

"234(二元三段四岗)"现代学徒制人才培养模式是指在学校和企业"二元合一"的管理体系下，通过在校学习、轮岗实践和顶岗实习"三段式"的育人机制，经过电商客服、电商美工、电商运营、电商配送"四岗轮换"的方式提升技能，以实现对学徒综合能力的培养。依托京东集团、河北省农业厅"京东河北农村电商省级示范基地"采用"234"模式，在 H 学校和合作企业形成相应的人才培养模式以实现对学徒综合能力的培养。

#### 2. 采用"三证融通"的人才评价及考核机制

"三证融通"指学徒证、京东电商从业资格证和毕业证相互融通、互为递进，其中学徒证为基础，共分初级学徒阶段、中级学徒阶段和高级学徒阶段，学徒等级的确定与转段考核相挂钩，重点考察学徒理论联系实际的能力，以体现"工学结合、分段育人"的精神，提高学徒的培养质量。

#### 3. 采用"岗位对接式"课堂教学模式进行教学

"岗位对接式"课堂教学模式是以行动导向教学理论为基础，在教学过程中以京东电商平台的电商客服、电商美工、电商运营、电商配送 4 个岗位实际的工作过程为主线，学校教师和企业师傅共同参与，旨在帮助学徒从专业理论学习向实践岗位技能操作运用转变，使学徒在相应的岗位工作中完成教学目标，达到有效教学的一种课堂教学模式。

### 4. 校企互聘共用师资

以"双导师团队"的组建为互聘师资切入点,建立"双导师工作室",完善"双导师"制度,强化"双导师"培养。

通过校企合作,完成"京东河北农村电商实训基地"建设,实现学生就地就业,电商人才就地培训、电商企业就地孵化,以基地为龙头组建河北省农村电商教育集团,带动河北省农村电商的发展,为"三农"服务做出贡献。

### (二) 主要成效及存在问题

#### 1. 主要成效

一是促进了农村电商发展。在省农业厅的指导下,2017年培训农产品销售与农村电商人员110人,面向保定纺织企业培训电商运营人员89人,面向保定农产品企业培训电商销售人员58人,增强了服务地方经济的能力。利用京东农村电商省级示范基地孵化农村电商企业,带动当地农产品发展,增加农村、农民致富渠道,发展农村经济,探索农村电商人才培养模式,推广适应河北省农村电商发展的道路,培养农村电商人才,为河北"三农"发展做贡献。

二是办学实力持续增强。学校被评为"河北省电商专业省级中心教研组长单位",负责全省电子商务专业教研工作。先后接待河北商贸学校、保定女子职业中专学校、河北商贸学校、北方机电学校、承德科技管理工程学校、唐山丰南职教中心、沧州肃宁职教中心等12所学校电商专业到H学校进行学习交流。在省中职学校电商专业建设中起到了引领示范作用。探索中等职业学校电子商务专业人才培养模式,推动河北省中职学校电子商务专业的发展。

#### 2. 存在问题

一是优质合作企业的遴选难度大。目前,由于缺少有效的政策支持,企业参与校企合作、产学合作的实际利益没有得到有效体现,加上学校自身实力不强、缺乏吸引力,企业行业参与校企合作的积极性不强;企业由于市场及人力资源需求的不确定性,使优质合作企业的遴选难度加大。

二是师傅的选拔培养力度不够。师傅是实施现代学徒制的主体,关系到学徒制实施的成功与否。所以必须建立一支高素质的数量庞大的师傅队伍,承担师傅职责的人员必须是企业的业务骨干和资深人士。师傅的选拔,要通过行业主管部门引导、学校公开招聘、企业推荐、实习生推荐等多种形式,将那些吃苦耐劳、敬业爱岗、作风正派的能工巧匠、业务骨干、技术负责人等纳入到师傅资源库。要制定师傅的考核管理办法,通过物质或精神方面的奖励去激励师傅努力工作;要加强师傅之间、专任教师和师傅之间、师徒之间的交流和沟通,及时调整、纠正现代学徒制实施中的错误或不恰当的地方,总结推广成功的经验;要加强与师傅所在企业的沟通,使带徒工作成为企业工作的一部分,为师傅开展工作创造良好环境；同时要加强对师傅的培训和指导，使其尽快成长为一名德艺双馨的双师型教师。

三是校企人员互兼互聘的管理和薪酬缺少支持。现代学徒制试点工作加强了校企的密切合作，校企管理、技术人员的互兼互聘行为成为常态。但该部分人员的管理及薪酬的记发等缺少政策支持。

## 六、X 工业经济学校现代学徒制试点个案分析

X 工业经济学校(以下简称"X 学校")是教育部首批现代学徒制试点单位之一。按照《教育部关于开展现代学徒制试点工作的意见[教职成〔2014〕9 号]》，《关于开展现代学徒制试点工作的通知[新教职成函〔2015〕3 号]》的要求和 XX 省现代学徒制试点工作实施方案规定，为了进一步探索校企协同育人机制，推进招生招工一体化，完善人才培养制度和标准，建设校企互聘共用师资队伍和建立体系现代学徒制特点的管理制度，学校以粮油储运与检验技术专业为试点，实施现代学徒制的实践探索，全力推进校企双主体育人模式，并取得了显著成效。

### (一) 实践探索

#### 1. 创新"双主体"育人模式

校企通过共同制订人才培养方案、教学资源建设、实施实践教学管理、开展技能培训考核以及顶岗实习就业的人才培养模式进行改革实践，实现创新校企一体化育人模式。学校与合作企业通过共建"双主体"育人平台，明确学校和企业在人才培养工作中的主体责任，落实学生和学徒的双重身份、为现代学徒制人才培养模式的改革提供制度保障。

#### 2. 招生招工同步进行

校企双方根据企业的用人需求，确定现代学徒制的招生人数，由塔城储绿粮油购销集团制定招工方案，根据其岗位需求及业务范围，向学生，家长传达了企业的要求：学校与企业签订联合培养的合作协议，企业通过面试遴选，与学生签订学徒协议，实现招工招生。

#### 3. 开发课程资源

依据企业岗位标准和职业标准要求，以满足企业需求为目的，职业的位能为核心，实践性教学为主线，围绕企业核心岗位知识和能力的要求，通过岗位能力分析，由校企联合开发符合学校人才培养和企业员工培训的"学校课程＋企业课程"双线交织的课程体系和符合岗位职业能力培养的学徒实践课程体系，并按照学校教育和企业学徒的标准，制定课程内容和组织要求，开发实践教学体系。

#### 4. 实施双导师教学

校企共同组建由校内骨干教师与企业师傅组成的专兼结合专业教学团队。与合作企业

制订企业导师管理办法,明确企业师傅的聘任条件、工作职责、待遇、聘用与考核标准,选聘在企业一线岗位工作的工程师,技术骨干和技术能手担任企业师傅,由学校教师和企业师傅"双导师"共同探索现代学徒制教学任务。学校课程以理论和理实一体教学为主,主要采取任务驱动,项目导向教学,由学校导师负责组织教学实施与考核评价:企业课程以实践教学为主,主要采取做中教,做中学,强化岗位技能训练和职业素养培育,由企业师傅负责组织教学实施与考核评价。学校和企业在学生理论与实践的能力培养过程中,相互支撑,相互交融,相互促进。

### 5. 开展多元教学组织管理与评价

按照学校学历教育和企业学徒的要求,共同制订企业导师(师傅)管理办法等教学管理制度文件,共同实施现代学徒制人才培养过程的教学组织与运行管理,以及人才培养质量的考核评价。课程考核评价结合企业生产实际,采用教学,生产,鉴定并行的操作方式进行过程性评价。其中,教学评价是在学校和企业学习阶段,由校内教师和企业师傅按照专业人才培养方案中规定的各项教学内容进行考核评价,包括平时考核与期末考核两个方面:生产评价是在企业生产阶段,由企业师傅针对学生在学徒岗位工作任务完成情况而进行生产方面的评价,包括职业道德,职业能力团队合作精神,解决实际问题能力等;鉴定评价是学生(学徒)参加第三方组织的职业资格鉴定,成绩合格者获得相应等级的职业资格证书。

### (二) 主要成效及存在问题

#### 1. 主要成效

目前 X 学校与大中型企事业单位、人才交流中心、劳务派遣公司等建立了稳定的校企合作关系,目前签约的校外实习基地有 46 家,顶岗实习(就业)企业达 50 余家,且所有专业均为带薪实习。对在校表现优秀、成绩合格、少数民族汉语水平等级考试(MHK)达标、取得计算机等级证书和相关专业技能资格证书的学生优先推荐就业。近几年,学生就业率保持在 96% 以上。

#### 2. 存在问题

一是企业与学徒对现代学徒制项目热情不高。从两年的试点运行情况来看,政府和学校积极想办法推行现代学徒制,企业普遍不愿意或者被动参与,尤其在行业影响力较大、生产技术先进、操作技能要求高的企业尤为明显。企业作为现代学徒制的重要主体,是能否实现现代学徒制的关键,参与现代学徒制的人才培养,意味着企业要大量投入人力、物力和财力,由于缺乏资金支持,学徒流动频繁等因素,严重挫伤了企业的热情和主动性。主要表现在以下几个方面:一是政府保障不到位,主要是没有相应的法律法规和实际措施。二是企业招收一些没有经验和实践能力的学生往往不能满足企业现实生产要求,这样必然会影响企业的生产效益。三是既然学生到企业的身份是"学徒",必然要付给报酬,增加企业负担。目前中职毕业学生普遍眼高手低，看不上中小微企业，导致企业招生招工压力。

二是生源结构单一导致招生困难。从实践来看大部分招收的都是初中毕业或未毕业的学生，而面向企业以及校企合作的"校中厂、厂中校"招收的农民工、退伍军人等生源数量基本没有，这不仅影响了学校生源的质量和结构，同时也影响学徒制改革，从源头上没有了更有基础更易塑造的优秀学徒。

三是学校办学能力有限。一方面政府对学校的投入力度不大、配套政策滞后，尤其在资金划拨方面，基础能力建设落后，严重制约学徒制教学及推广。另一方面自身思路转变太慢，教学管理制度依然延续过去的学堂教学模式，从思维理念到制度落实等方面很难摆脱传统的教学框架束缚，如何制定符合现代学徒制的教学标准体系、课程体系、考核体系等问题，对于这种新的人才培养模式还需进一步探索。

四是有效跟踪管理困难。由于学生在企业学徒过程中，分散到不同的工作地点，实习老师以及企业导师很难对每个学生进行有效的跟踪管理和跟踪指导，同时企业工作现场复杂，不确定因素多，学徒实习时的安全操作及保障管理都存在着疏漏，增加了对学生(学徒)的管理难度。

## 第三节　试点行业企业实施案例研究

### 一、检验检疫行业试点个案分析

2017年6月，由中国检验检疫学会牵头，联合试点院校常州工程职业技术学院(以下简称工程学院)与企业SGS通标标准技术服务有限公司(以下简称SGS公司)向教育部申报了"教育部第二批职业教育现代学徒制试点项目"，并于2017年8月获教育部正式批准，成为行业协会牵头的现代学徒制试点单位之一。

(一)　实践探索

#### 1. 建设校企合作平台，探索校企协同育人机制

学会与工程学院签署战略合作框架协议，并成立了由学会、常州出入境检验检疫局、学校三方共建的全国首个检验检测二级学院，打造产教融合实训平台，工程学院检验检测认证学院校外实训基地在常州检验检测认证产业园正式落户，为现代学徒班试点项目的实施提供扎实有力的校企合作平台，满足了学院检验检测专业学生的实验实训、顶岗实习和就业的需求。为推动工程学院与SGS公司开展现代学徒制试点工作，学校和SGS公司作为现代学徒试点班的办学双主体，双方签订工业分析技术专业现代学徒制试点工作合作协议，明确双方的责任与义务，共同参与人才培养全过程。

### 2. 统筹协作，实现校企招生招工一体化

由学会牵头，工程学院与 SGS 公司在工业分析技术专业开展现代学徒制试点工作，以企业的用人招工需求为标准，制定长期稳定、可实施的招生招工一体化方案，规范现代学徒班招生录取和企业用工程序。按照双向选择原则，制定学徒选拔工作程序，组建现代学徒制试点班，采用"招生即招工、入校即入厂、校企联合培养"的现代学徒制培养模式。签订学徒、学校和企业三方协议，明确各方权益及学徒在岗培养的实施方案、教学内容、权益保障等，在"合作共赢、职责共担"的基础上，实施校企双主体育人、学校教师和企业师傅双导师教学。

### 3. 校企深入合作，共同完善人才培养制度和标准

工程学院邀请检验检测行业、企业领导及资深专家参与检验检测人才培养方案研讨，制定检验检测现代学徒制试点班人才培养方案，确定了"2＋1"培养模式，即 2 年校内课程学习，1 年企业岗位实践。以检验检测行业职业资格标准为依据，校企共同协商制定了专业教学标准 1 份。按照从新手-合格检验员-检验骨干-部门负责人-技术主管的职业成长规划，明确日标岗位，进行工作任务分析，梳理岗位关键任务和核心职责，提炼完成关键任务所需关键能力，依据关键能力匹配学习目标，继而架构现代学徒制基于工作岗位和典型工作任务的课程体系，包括 14 门专业核心课程。在学会的统筹指导下，充分利用校企优势资源，企业和学校共同探讨、开发课程教学内容，编写课程标准 14 份，并根据校企资源优势与可行性，将专业核心课程划分为学校课程(9 门)、校企合作课程及企业课程(5 门)，学校课程主要由学校教师承担教学任务，校企合作课程由学校教师和企业师傅共同承担。除此以外，职业入门与认知、岗前培训、轮岗锻炼等企业课程，主要由企业师傅承担教学工作，学生以准员工的身份在企业师傅的指导下进行岗位实践，真正实现工学交替、校企双主体育人。

### 4. 校企协商，打造校企互聘共用的师资团队

工程学院和 SGS 公司共同合作，打造校企合作的师资队伍。校企协商确定企业师傅标准，制定校企双导师队伍建设实施方案，建立健全学徒的"双导师"选拔、培养、考核方法，形成校企互聘互用的管理机制，打造专兼结合、校企互聘互用的师资队伍。按照人才培养方案要求，由经正式聘请的 4 名企业导师共同完成校企合作课程及企业课程教学工作，聘请 1 名企业专家作为产业教授，指导现代学徒试点班的课程教学和专业建设工作。建立企业教师工作站，由校企共同制订现代学徒制双导师双向挂职锻炼方案，目前已安排 2 名专业教师去常州出入境检验检疫局下厂实践一年，实践期间与企业进行技术交流与学习，参与所在部门实践项目的研究。

### 5. 规范学徒管理，建立体现现代学徒制特点的管理制度

为规范试点班学生(学徒)的管理，工程学院与 SGS 公司相互协商，制定了《校企协同育人班级管理办法》，为试点班的开设、运行管理以及考核与激励办法提供了制度保障。制

定了《现代学徒制人才培养教学管理办法》，主要从人才培养方案制定、课程体系设置以及课程教学管理方面对学徒管理提出了要求。与此同时制定了《现代学徒制学徒管理办法》以及学分奖励与兑换方法，建立起方便、灵活的工学交替模式，方便学生(学徒)校企课程学分的兑换，以此激发学生(学徒)学习的积极性。完善学生(学徒)管理制度，制定学徒报酬与保险标准，签订校企合作协议。完善学徒实习管理制度管理办法，明确安全保险措施、学校和企业老师工作职责等，形成良好的现代学徒制运行模式。基于工作岗位制订以育人为目标的《现代学徒制考核评价方案》、质量监督实施方案、新的考核评价与督查制度以及多方参与的考核评价机制，致力于全面、客观、公正的评价学生(学徒)的学习状态，并建立通畅、高效的信息反馈渠道，积极调整现代学徒制实施过程中出现的问题，切实提高学生(学徒)的培养质量。

### 6. 统筹利用实践资源，实现共建共享共用

工程学院与 SGS 公司展开深度合作，SGS 公司接受学生观摩、岗前培训、轮岗锻炼等实践教学环节安排，一年来试点班学生去企业培训学习 3 次。SGS 公司提供设备、场地、人员等方面的支持，接受专业教师的参观、调研，培养"双师"队伍，工业分析技术专业教师在暑假期间已先后有两批教师去 SGS 公司进行为期一周的培训学习，并多次接受学校领导和专业教师的合作洽谈与调研等。另外 SGS 公司优先将闲置、退役的适合教学的仪器、设备捐赠给学校用于教学。并且为鼓励学徒更好的学习，SGS 公司为他们提供了专项奖学金，每学年颁发一次。

### (二) 存在问题

#### 1. 现代学徒制运行机制与相关实施方案有待进一步细化、具体化

现代学徒制试点工作开展一年来，已初步建立相关的文件、制度，但是由于实施时间较短，如学生现阶段主要以学校课程为主，企业长时间的岗位实践较少，涉及学生在企业期间的管理方法、考核实施办法等目前实践太少，部分细节考虑不周全，有待随着现代学徒制校企合作的深入进一步完善。

#### 2. 校企合作教学资源开发利用有待进一步深入

共同开发基于岗位工作内容、融入国家职业资格标准的专业教学内容和教材是实现校企双主体育人的重要方式。当前校企合作主要体现在人才培养方案、专业教学标准、课程标准等的制定上，具体的操作层面涉及不多，如课程教学设计、教学组织实施、校企共同编写教材、教学资源库建设等方面还不够深入，在接下来的校企合作中，应在这方面加大合作力度。

#### 3. 校企横向合作有待进一步开发

现代学徒制试点工作实施以来，学校与企业之间的合作不断深入，推进速度明显加快，

校企合作的广度与深度都有了很大的提高，尤其是校企导师互聘互用方面，体现在专业企业师傅来学校上课、学校老师去企业挂职等方面。但是在横向联合技术研发、校企合作课题项目等方面有待进一步挖掘。横向课题是校企合作的内在实现形式之一，也是校企合作的重要内涵，合作开发横向课题可以发挥校企各自的优势并进行互补，这不仅提高了教师的科研水平，也使教师积累丰富的实践经验从而提高教学能力和素养。

## 二、船舶工业行业试点个案分析

为有效服务我国船舶产业转型升级和江西造船工业发展方式转变，推进职业教育与产业发展深度融合，江西省船舶工业行业协会联合九江职业技术学院、同方江新造船有限公司从 2018 年开始招生实施现代学徒制试点工作。

### (一) 实践探索

#### 1. 探索校企协同育人机制

(1) 成立船舶工程技术专业现代学徒制试点工作组织机构。组建由协会、学校、企业共同参与的试点工作领导小组，设立试点工作办公室，成立质量监控小组，设立专项保障经费，健全组织与保障体系。

(2) 成立船舶工程技术专业现代学徒制校企合作指导委员会。统筹协调"政行校企"各方优势资源，落实现代学徒制试点教育教学改革主体责任。

(3) 执行校企三方联动，加强宣传保障。制定《现代学徒制试点宣传保障制度》，组建宣传组织机构，多途径开展试点宣传工作，并建立宣传资料档案。

(4) 多方参与，共同探索校企"双主体"育人机制。校企共同制定《现代学徒制校企协同育人管理办法》，协会与学校签订《委托协议》，学校与企业签订《校企合作协议》，船舶工程学院与企业签订《现代学徒制联合培养协议》，从而保证育人机制的完整运行。

#### 2. 启动招生招工一体化

(1) 制定招生招工一体化方案，校企联合招生招工。校企协商编制《船舶工程技术专业现代学徒制招生招工一体化方案》、《现代学徒制招生(招工)管理办法》，联合成立"招生招工领导小组"，积极开展招生招工宣传，组建同方江新现代学徒制试点班。

(2) 以"三赢"(企业、学校、学生)为合作之出发点，经甲、乙、丙三方协商同意，制定《现代学徒制招生(招工)三方协议》，明确三方职责与权益。

(3) 编制《九江职业技术学院 2018 单独招生实施方案》，报请省教育厅。明确了"经同方江新造船有限公司面试合格，并签订劳动用工合同的，可免试并直接录取。"等条款，为招收企业具备高中同等学历的在职员工提供了政策保障。

### 3. 建立人才培养制度和标准

(1) 制定《江西省船舶企业现代学徒制学徒出师标准(船舶工程技术专业)》，明确学徒出师考核内容、出师考核方式、出师考核实施办法。

(2) 制定《船舶工程技术专业现代学徒制人才培养方案》，明确授课内容与结构，以及"双轨道"运行培养模式。

(3) 校企共同构建基于船舶建造工作过程的课程体系和基于工作内容的专业核心课。

(4) 制定《船舶工程技术专业现代学徒制学业评价标准》，构建"学生标准 + 学徒标准"为重点的学业评价标准体系。

(5) 制定《现代学徒制指导教师与师傅标准》，共同打造一支与现代学徒制相适应的"现代教师"与"现代师傅"队伍。

(6) 制订专业教学标准、岗位标准、质量监控标准及相应的实施方案。

(7) 校企共同开发基于岗位工作内容、融入国家职业资格标准的专业教学内容和教材。

### 4. 建设校企互聘共用的师资队伍

(1) 由省船协牵头，通过省工信委航空船舶处(省船舶管理处改建)建立江西省船舶工程技术专业人才和高级技术工人人才库，为双导师的选拔做好准备工作。

(2) 校企协商，签订《现代学徒制试点校企师资队伍建设协议》，确定师资队伍建设原则、建设内容、资格条件、双方职责等重要建设事项，明确双向挂职锻炼、合作技术研发的激励制度，建立灵活的人才双向流动机制。

(3) 出台《九江职业技术学院双导师管理办法》，确定"双导师"聘任条件、程序及工作职责，界定现代学徒制双导师的选拔、培养、考核、激励、晋升等条款。

(4) 出台《九江职业技术学院现代学徒制"双导师"双向挂职管理办法》，明确双向挂职锻炼、合作技术研发的激励制度，建立灵活的人才双向流动机制。

### 5. 建立体现现代学徒制特点的管理制度

(1) 现代学徒制教学管理。编制《九江职业技术学院现代学徒制教学管理办法》、《九江职业技术学院现代学徒制教学质量督导暂行工作办法》、《九江职业技术学院现代学徒制学生(学徒)教学质量评价考核办法》等教学管理制度。

(2) 现代学徒制学分制管理和弹性学制管理。编制《九江职业技术学院现代学徒制学分制和弹性学制的管理规定》。

(3) 现代学徒制学徒管理。编制《九江职业技术学院现代学徒制学生(学徒)权益保护规定》《九江职业技术学院现代学徒制学生(学徒)管理实施细则》《九江职业技术学院现代学徒制学生(学徒)实习管理办法》等学徒管理办法。

(4) 成立学校船舶工程学院二级保证工作组和船舶工程技术专业(课程)质量保证小组，

落实学校、专业、课程主体责任。

(5) 建立《九江职业技术学院现代学徒制校企定期会商制度》，完善定期检查、反馈等形式的教学质量监控机制。

### (二) 存在问题

#### 1. 国家缺乏对行业、企业参与校企合作的激励机制

各方在开展现代学徒制人才培养的资金、场地、人员方面缺乏投入。试点项目虽然有江西省工信委航空船舶处(省船舶管理处改建)的指导和政策倾斜，但资金没有专项投入。

#### 2. 标准体系的建立与规范化存在较大的阻力

由于江西省船舶企业区域较为分散，难于让多家船舶企业同时参与现代学徒制试点，导致现阶段九江职业技术学院只与同方江新造船有限公司开展此项工作。此情况对于标准体系的建立和规范化是极为不利的，难以做到标准体系的全行业通用。

## 三、九江明阳电路科技有限公司试点个案分析

2016 年开始，九江明阳电路科技有限公司与九江市工科学生培养为主的九江职业技术学院联合开展数控技术专业现代学徒制试点，成立了明阳数控现代学徒制班，首批招生 19 人，2017 年招生 33 人。试点期间，实施"课岗融合、长短交替"的现代学徒制人才培养模式，采取企业岗位轮训和在校学习交替方式进行教学。

### (一) 实践探索

#### 1. 探索校企协同育人机制

根据现代学徒制的人才培养要求，以探索现代学徒制的运行机制为目标，全面推动现代学徒制试点工作顺利实施。九江明阳电路科技有限公司与九江职业技术学院签订了《校企合作协议》和《数控技术专业现代学徒制试点项目人才培养协议》，公司和九江职业技术学院联合成立了现代学徒制试点工作领导小组和工作组，制定了现代学徒制定期会商制度及《九江明阳电路科技有限公司现代学徒制试点工作实施管理暂行办法》。

#### 2. 推进招生招工一体化

公司和机械工程学院协商，依据公开、公正和公平的准则，以实现学校招生与企业招工相结合为目标，制定《数控技术专业与九江明阳电路科技有限公司开展现代学徒制试点校企联合招生招工一体化方案》。方案中明确招生(招工)组长及成员应有组织保障。校企共同确定招生规模，制作招生(招工)宣传材料，组织招生片区负责人认真学习学校现代学徒制试点项目招生政策，面向学生做好招生宣传。在阳光招生的前提下，对不同的生源实施

分类招生。在学生开学报到的时候设置现代学徒制招生咨询台，企业人事主管和干事亲自到场，面向学生和家长解释招生(工)政策，带领学生和家长参观企业车间及学校教学场地。在开学伊始签订企业、学校、学生《现代学徒制三方协议》，明确各方权益及学徒在岗培养的具体岗位、教学内容、权益保障措施等。

### 3. 完善人才培养制度和标准

#### 1) 对接岗位工作要求，校企共同制定培养方案

首先，成立现代学徒制试点工作领导小组和工作组推进试点工作。公司和学校共同组建现代学徒制试点工作领导小组和工作组，其中领导小组成员由企业负责人、学校领导、企业和学校有关职能部门领导、二级学院院长组成。领导小组实行项目责任制，定期或不定期分析解决现代学徒制试点工作中出现的问题和困难，形成协调有力、快速高效的工作机制。工作组具体实施试点工作，负责制订现代学徒制试点工作章程，从入学门槛、学徒报酬、培训内容、结果评价、就业协议等方面，明确学校、企业和学生在人才培养过程中的权利和责任，校企双方共同制订招生政策，制订多方参与主办和评价的育人制度，促进产、学、研、用有效结合，使专业、行业、企业、教师、学生实现协同发展。

其次，校企联合制定和论证人才培养方案。根据现代学徒制人才培养要求、职业资格标准及公司岗位标准，公司与九江职业技术学院多次开展研讨，校企联合制订数控技术专业(现代学徒制试点)教学标准。坚持教育规律与职业发展规律相结合、人才培养标准与企业岗位标准对接，公司与学校联合制订数控技术专业现代学徒制人才培养方案。在专业教学标准框架下，围绕职业核心能力，采用企业真实案例，基于工作过程开发核心课程，交替培养，校企双主体育人。

第三，建设教学运行与管理机制。根据现代学徒制的特点，以制度建设为基础，全面加强过程管理工作。在招生或招工阶段，让考生了解国家和省有关现代学徒制试点的政策、报考与录取的有关要求和标准、学习或工作的时间、生活条件等。在培养阶段，学徒在岗培养主要由企业管理，在校培养主要由学校管理。公司和合作院校九江职业技术学院是保障学生(学徒)权益的责任主体。企业制定专门的学徒管理办法，合理安排学徒岗位和工作任务，培养期间按照国家和省有关规定，为学徒购买工伤保险和意外伤害保险等。在学徒岗位训练期间，按照劳动合同约定，由企业根据学徒的实际工作贡献支付不低于当地最低工资标准的基本工资。完善巡视和跟踪管理制度，分人分工段负责，定期不定期开展管理考核工作。规范学生档案管理，加强劳动安全教育和监督检查，保证学徒制试点工作健康、安全和有序开展。

建立健全与现代学徒制相适应的各种规章条例，如招生招工、兼职教师聘用、实习教学、师徒结对、学分认定、弹性学制、技能评定等各种管理办法。创新考核评价与督查制度，建立多方参与的考核评价机制，建立定期检查、反馈等形式的教学质量监控机制。公

司设置师傅奖励，奖优罚劣，推优树优。制订学徒管理办法，保障学徒权益，根据教学需要，科学安排学徒岗位、分配工作任务，保证学徒合理报酬。落实学徒的责任保险、工伤保险，确保人身安全。

第四，校企共同制订标准。公司与九江职业技术学院机械工程学院建立了以企业和行业专家与专业带头人组成的专业指导委员会，下辖校企合作教学模块开发小组、教材开发小组、教学实施小组、考核评价小组等，在人才培养的入口、过程与出口均承担责任、落实培养工作。制订了"数控现代学徒制专业教学标准"和企业学校核心课程标准，包括《机械制图》《印制电路基础》《数控编程与加工》等 5 门课程标准，在分析现代学徒制班级学生企业实际岗位需求情况和数控专业学生必须具备的岗位能力要求基础上制订了"岗位标准""企业师傅标准"和"质量监控标准"等。

2) 契合生产工艺过程，校企共同重构课程体系

按照企业对接学校、车间对接基地、产业对接专业、师傅对接教师、岗位对接培训的原则，以企业生产工艺过程为主线，提炼数控技术专业职业能力要素，构建了"企业课程""学校课程"和"校企课程"相融合的课程体系。依据专业人才培养定位，根据企业实际生产情况确定专业课程设置，对现有课程体系进行修改。在校企共同研讨的基础上，学校主要负责制定校内课程标准和考核标准。公司主要负责制定培训标准、职业标准、安全生产操作规程和技能考核标准。学校以理论教学和技能训练为主，适当吸收公司人员参与；公司以生产性实践教学为主，适当吸收学校人员参与。

3) 选择典型生产任务，校企共同开发核心课程

围绕岗位核心能力，选择典型生产任务，基于工作过程开发课程。课程内容既有普适性，又体现了企业对印制电路数控加工人才的特色需求；既能支撑高等职业教育人才培养规格要求，又能满足企业对学徒的职业素质与职业能力要求。以企业典型产品为载体，配套开发信息化教学资源，实施"学做一体"项目化教学，教学过程复现产品生产过程。

4) 实践长短交替模式，校企共同组织教学试点

在现代学徒制试点过程中，不仅注重知识传授和岗位技能的培养，还将职业素质的培养贯穿于整个培养过程中，注重发展学生的个人价值取向。现代学徒制以职业为导向，体现了"以学生为本"的人才培养观，采用"课岗融合、长短交替"的教学安排形式，每学期都安排学生(学徒)在学校与企业两个地点学习与工作。校内学习通过聘请企业工程师与高级技师，在与企业真实生产环境相似的数控实训室等场所完成。学生每个学期都在企业进行岗位轮训，通过师傅手把手传授印制电路机械加工、数控机床操作工、数控工艺与程序员等企校岗位技能，完成各个岗位技能的学习，在传授过程中将企业文化渗透进去。

#### 4. 校企互聘共用师资队伍建设

##### 1) 制度建设

根据现代学徒制的教学特点，以保证现代学徒制教学正常运行为目的，以探索现代学徒制的运行机制为目标，充分调动公司员工参与现代学徒制的积极性，全面推动现代学徒制试点工作顺利实施，公司制订《现代学徒制企业师傅管理办法》，明确企业导师的聘任程序、工作职责、工作待遇、考核与奖惩等办法，并选派人事部门骨干担任企方班主任。学校按照《九江职业技术学院双师型教师认定办法》选拔数控专业技能高的双师型教师作为现代学徒制班任课教师，由专业教师担任校方班主任。校企共同制订《现代学徒制"双导师"教师管理办法》和《现代学徒制"双导师"双向挂职管理办法》等。

##### 2) 团队建设

"现代学徒制"试点工作期间，公司和九江职业技术学院遵循校企互认和共同指派教师原则，共同建设双导师教学团队。一是从九江明阳电路科技有限公司聘请在印制电路生产领域工作多年，实践能力强的专业技术人员、管理人员及企业负责人，辅以教育理论的培训，使其承担"现代学徒制"教学任务；二是学校遴选数控技术专业现有优秀教师到企业培训，由企业职业培训师对其进行专业技能教学法培训，成为"师傅"后回校承担"现代学徒制"教学任务。为了更好地对学生进行培养并增强学生的企业归属感，九江明阳电路科技有限公司还提出"导师＋师傅＋学长"的学生培养理念，即：企业领导人、部门领导和人事部门人员担任学生的职业规划成长的老师，师傅担任学生专业技术技能培养的老师，在企业工作的资深一些的学长担任学生的生活和心理老师。

实施学校与企业管理人员双向挂职锻炼，一方面提高师傅带徒弟的积极性及教学水平，另一方面提高专业教师的实践能力和科研水平。带徒导师享受带徒津贴，津贴标准由企业和职业院校自行确定，并由导师所在单位承担。学校将学费收入的80%划拨到现代学徒制专业，作为专项教学经费，其中30%左右用于双导师管理及课酬等。现代学徒制的课程课酬标准原则上高于学校内部标准，企业导师申报校内外教研教改、科研课题，享受校内老师申报课题的同等待遇；企业为其教研教改、科研创造条件，提供支持。企业导师享受校内导师进修、交流学习、培训等同等的机会和待遇，企业为其外出学习交流和培训等提供便利条件。企业导师具有校内评优、评先的资格，并享受学校教师同等的奖励，企业对获得奖励的企业导师给予企业岗位晋升的优先权。除享受学校、企业的奖励外，单列现代学徒制"双导师"团队评优评先项目，应给予高于学校同等奖励标准的奖励。

#### (二) 存在问题

(1) 国家对企业参与校企合作的激励机制还没有完全落到实处，导致更多开展现代学徒制人才培养的企业在资金、场地、人员方面投入产生顾虑。

（2）校内"双师型"教师水平与产业行业尖端生产、服务技术水平之间还存在较大差距，专业教师缺乏在企业的工作经验，通过校企合作、共同培养具有一定的难度。

（3）数控专业"现代学徒制"2016 级实际人数为 19 人，2017 级实际人数为 33 人，培养成本较高。尽管学校在学生住宿、校企往返方面投入了大量资金，但目前学校教育资源仍显不足，难以全面实施现代学徒制职业教育模式。

（4）生源结构相对单一。尽管高职院校按照教育部《关于开展现代学徒制试点工作的意见》要求："积极开展'招生即招工、入校即入厂、校企联合培养'的现代学徒制试点"，但从实际来看，99%以上的高职院校的生源仍然集中在高中毕业生以及"三校生"，而面向企业、校企合作、"校中厂、厂中校"、职教集团的职员工、转岗就业、农民工、退伍军人等生源数量或者班次极少。

（5）学生方面，受到年龄、阅历的局限，不能深刻理解现代学徒制培养对他们的重要意义，遇到略艰苦一些的岗位时学徒，有畏难情绪。

## 四、长沙五十七度湘餐饮管理有限公司试点个案分析

长沙五十七度湘餐饮管理有限公司一直以来十分注重人才的培养，与多家学校建立了长期校企合作关系。与 H 省商业技师学院自 2012 年开始签订校企合作协议，从最初设立冠名班，到现代学徒制试点，合作培养了大量人才。

### （一）实践探索

#### 1. 校企协作育人

1）建立校企合作长效机制，为企业建立人才基地

依托共建学校的资源平台，以校企深度合作和教师、师傅联合传授为支撑。在 2017 年 10 月邀请学校专家一起召开了专家评审会，确定了 2017 级学徒制班级对应的岗位为后厨岗位。共同制订学徒制班级的专业教学标准、课程标准和岗位标准。根据职业岗位能力要求，确定了企业与学校协同育人模式，即技能与素养一体、教学与工作一体、教师与师傅一体、学生与员工一体以及评价与考核一体。形成企校长效双主体育人机制，全面提升学生技能和职业素养，为企业建立稳定的人才培养基地。

2）校企合理分工，建立企校互利互惠的成本分担机制

在学徒制试点中，在人力和财力方面与学校建立了一定的成本分担机制。第一，制定了企校资金管理以及师傅、教师、学生奖励制度，明确在与企校合作过程中资金投入比例及使用范围，设立专项资金用于学徒制班级学生各项日常开支。每年设立专项资金 6 万元，用于学徒制班级学生的班服、拓展活动、奖学金等各项开支。第二，组建培训师团队负责

学徒制班级学生的学校授课和企业培训。

### 2. 招生招工一体化

#### 1) 扩大宣传力度，为试点提供保障

为扎实推进学徒制试点，更好地为企业储备人才，2017 年 10 月，企业在学校 2017 级烹饪专业的学生中进行了多次宣讲，通过宣传，面试，筛选等环节，最终从 200 多名学生中挑选了 30 人重新组建了五十七度湘餐现代学徒制班。同时企业人力资源部委派一名员工与学校班主任一起承担学徒制班级的日常管理工作。

#### 2) 保障制度完善，确保学生学徒权益

根据试点要求，为保障企业、学校、学徒的三方权益，企业和学校重新签订校企合作协议，拟定学徒制协议，并在协议中明确了三方的权责。

### 3. 人才培养制度与标准

#### 1) 做好需求分析，确定培养目标

为做好学徒制工作，人力资源部在湖南 30 多家门店进行了门店用人需求调研，了解各门店对人才的需求状况。在广泛调研的基础上，由人力资源部牵头企业专家和校内专业教师共同研讨，确定学徒制班岗位主要为后厨岗位。并根据工作过程以及岗位要求，确定人才培养标准。

#### 2) 合理搭建企业培训课程，构建校企一体课程体系

与学校一起构建"模块化、层次化、能力递进式"的课程体系，紧密对接企业培训，将课程划分为学校课程和企业课程两部分。在学徒制班级的 6 个学期中，第 1、2、3、5 学期安排在学校，第 4、6 学期安排在企业。将一部分企业知识融入学校教学，并使学校教学内容一直延续到企业课程中，使校企课程紧密衔接。以餐饮行业实际工作过程为导向，通过对岗位群典型工作任务和职业能力进行分析，将企业文化、职业道德、岗位要求和素质教育融入课程内容中，构建层次化、情境化的课程体系。同时根据学徒制岗位的要求，编写了 2 门"教、学、做一体"特色的校本教材及课程资源包。

#### 3) 建立多元的教学质量评价体系

根据企业岗位要求、教学质量评价标准，开发课程评价标准，构建由结果考核为主转变为过程考核与结果考核相结合，从态度、知识、能力等方面综合考核学生，将学生的团队协作能力、责任意识、安全意识等内容纳入过程考核。过程考核要素如下：

课程考核成绩 = 过程考核成绩(60%) + 期末考查成绩(40%)。

过程考核成绩 = Σ 主题考核成绩/主题数。

主题考核成绩 = 态度 + 知识 + 技能，三部分各占三分之一。

态度考核点：出勤、礼仪与行为规范、课堂表现、作业。

知识考核点：课程标准中该项目规定的知识目标，采用笔试考核。

技能考核点：课程标准中该项目规定的能力(技能)目标、完成任务的质量。采用演示、实训报告、成果汇报方式考核。

期末考查成绩：笔试/成果展示/合作任务/调查报告/案例分析。

### 4. 师资队伍建设

**1) 拓展校企合作领域，打造一流师资团队**

利用行业优势，将企业的一线服务和管理人员派驻到学校担任兼职教师，邀请在行业内有一定影响力的知名专家作为客座老师，形成动态的兼职教师资源库；同时学校优秀教师也深入企业交流，到企业挂职锻炼，跟岗实践，与企业技师共同研发产品，提升技艺。目前，企业通过选拔组建了 15 人的师傅和培训师团队，与学校教师一起参与到学徒制的教学过程中。

**2) 建立激励考核制度，强化师资团队建设**

企业和学校为保障教师团队建设规范化、科学化、严格化，制定了一系列制度如：《57度湘现代学徒试点班教师培养培训管理办法》、《教师教学工作规范》、《教师考核条例》、《企业师傅评选标准及管理办法》等文件。为了使学校专业教师不但具备较高理论讲授能力，更具备与企业要求相符合的实际岗位工作能力和实践教学能力，企业接收教师到企业实践，为学校教师的成长搭桥铺路。

### 5. 现代学徒制管理制度建设

建立健全与现代学徒制相适应的教学管理制度，形成了学徒制教学管理、学生管理制度集。落实学徒的责任保险、工伤保险，确保人身安全。修订完善现代学徒制实施计划、收集学生在企学习日志、制定有效的企业师傅选拔制度、总结归纳带队教师工作笔记、明确带队教师考核制度、制定相关企业考核制度，保障学徒权益。

#### (二) 存在的问题

(1) "现代学徒制"的开展尚处于起步阶段，企校双方的深度融合机制需完善。具体来说，企业的用工存在季节性、用人和培养具有长期性，和学校的学制有一定冲突。

(2) 随着"现代学徒制"合作的深入，学校和企业需要花费更多的时间、精力、经费来进行长期的建设，需要一定的鼓励政策。对开展"现代学徒制"的企业可以提供一定的补贴政策，采取直接给予补贴或者享有一些税收优惠等方式，增加企业参与的积极性。

# 第十章

# 我国现代学徒制运行机制的现状与问题

## 第一节　现代学徒制利益驱动机制的现状与问题

### 一、试点地区开展现代学徒制的利益驱动机制现状与问题

#### (一) 试点地区开展现代学徒制利益驱动机制现状

为确保现代学徒制的有效运行，试点地区开展学徒制主要以政府的有效参与为依托，A、E 和 Y 三个试点地区都采取了关键措施来推动现代学徒制的有效实施。

#### 1. 顶层设计，为现代学徒制运行提供政策保障

各个现代学徒制试点地区都从顶层设计出发，出台相关政策，以更好地保障区域试点工作任务落实，为现代学徒制提供政策支持，但是现代学徒制的运行不仅依靠教育部门牵头，更需要多个政府部门的统筹协调。

因此，A 市在 2012 年 "1 + 3 + 5" 校企合作政策体系基础上，由教育、发改、人力社保、财政、国资、经信等六部门共同印发《关于开展现代学徒制试点工作的实施意见》，为试点工作提供政策保障；E 市教育局联合经信、财政、人社等部门就现代学徒制试点工作的实施方案、工作机制、"双导师" 队伍建设、第三方考核等方面，先后印发《E 市中职学校现代学徒制试点工作实施方案》等 7 个专项文件，为区域推进现代学徒制试点工作做好顶层设计。另外，E 市教育局等九部门联合出台并落实《E 市促进职业教育校企合作工作办法(试行)》，明晰政府部门、职业院校、行业协会、企业的职责和权利，明确试点企业可享受政府相关的税收优惠政策，以此提升企业参与现代学徒制的积极性。

Y 市充分学习全国各地学徒制试点工作的先进经验，结合试点工作推进中的难点、痛点，着力推进学徒制试点的政策出台，重点将学徒制试点政策同人社部门新型学徒制试点政策对应，对参与试点企业进行补贴和奖励，鼓励更多试点企业逐渐转型为教育型企业，为更好推进学徒制试点奠定基础。同时将中职学校学生参与学徒制试点同毕业生实习就业

政策相结合，将实习生补贴政策由面向高校毕业生延伸到中职毕业生，多方面争取试点工作政策支持。

### 2. 经费投入，为现代学徒制提供利益保障

在政策保障的基础上，各级政府对现代学徒制的开展都投入了一定的经费，其中在省补助资金的基础上，市财政给予一定的配套资金，而除了市本级财政拨付的经费补助外，各区、县(市)财政也加大了对现代学徒制试点的经费投入，以确保项目建设如期完成。

各试点区域采用多种形式开展现代学徒制经费投入，将现代学徒制纳入试点区域项目建设，获得经费支持。如 A 市以十大工程建设项目经费的名义投入现代学徒制；E 市首创政府购买实习岗位，"十二五"期间，将现代学徒制培训纳入市中职教育"六项行动计划"。"十三五"期间，则将现代学徒制培训纳入市中职教育"产教融合工程"，确定 24 个市级现代学徒制改革试点项目，相关学校将现代学徒制作为省级中职名校重点建设任务。

各试点区域也制定了具体的经费使用制度，如 A 市政府规定学徒实习超过一个月人均补助 300 元，给外聘教师发放补贴；E 市按照每名合格学徒 800～1000 元的标准进行补助，经费由政府专项资金和学校共同承担。E 市职业院校向本地企业每输送一名毕业生则给予企业带教师傅 800 元奖励，其中高级工及以上按 2000 元/人奖励。可以看出，政府通过对学徒和企业带教师傅的经费补贴，来增加参与主体的积极性。

### (二) 试点地区实施现代学徒制利益驱动机制存在的问题

(1) 目前试点地区现代学徒制的开展，主要是高职院校的自发行为，国家在制度供给方面缺乏有效的激励措施来推动高职院校现代学徒制的运行与实施。

(2) 在学徒制的运行方面，政府主要停留在鼓励号召层面，在资金投入、税收减免以及其他方面的优惠保障上还缺乏实质性的保障措施。

(3) 缺乏较完备的支持现代学徒制的法律和政策体系，企业相关税收优惠政策尚未完全落实到位。同时，企业参与人才培养的责权利尚不清晰，企业受益前景不够明朗，政府、学校、行业、企业多方利益均衡的合作机制尚未形成。例如 Y 市人社部门已经有相关新型学徒制试点经费支持政策，而教育部门没有相关明确说法，导致部分企业参与积极性不高。

## 二、试点院校开展现代学徒制的利益驱动机制现状和问题

### (一) 试点院校开展现代学徒制的利益驱动机制的现状

### 1. 统筹校内外资源，构建成本分担机制

大部分职业院校都能够做到统筹利用好企业实习岗位、公共实训基地以及校内实践场

所等教学资源，形成校企联合实施现代学徒制的长效机制。在如 H 学院实施"资源共享、人才共育、校企共管"三位一体的校企紧密型管理模式，企业师傅与学校教师紧密对接，实现了企业、学校、学生三方共赢。G 学院紧密结合行业企业发展需要，形成了 6∶4 学费分配模式，校企共担人才培养成本，形成企业与职业院校联合开展现代学徒制的长效机制。大部分院校都初步建立了教学资源的校企共建共享机制，以提高校企协同育人质量为导向，以"拓展基地功能、提升基地效用"为根本，校企共同建设专业实训基地，共同监管基地运行工作，共同分担育人成本。

### 2. 完善双导师制，形成校企互聘共用的管理机制

"双导师"师资团队的能力和水平直接影响到现代学徒制人才培养的质量，是关系到人才培养成功与否的重要条件。其关键是"双导师"积极性的调动。大部分试点院校都建立了校企双方共同制订双向挂职锻炼、联合技术研发、专业建设的激励制度和考核奖惩政策。比如 C 学院将指导教师的企业实践和技术服务纳入教师考核并作为晋升专业技术职务的重要依据。

### 3. 充分保障学徒权益，调动学生参与意愿

大部分学校制定现代学徒制管理相关文件，并在学生、学校和企业签订的协议中，明确规定学生的权益、薪酬，规定教学安排、学徒岗位等，保证学生权益。按照校企"合作协议书"和生企"协议书约定"，学生在校学习及企业实习期间，如发生意外，发生在校园内，按照学院有关规定处理；发生在公司内，按照国家有关规定处理；同时，要求学生统一办理学生意外伤害保险等。

### (二) 试点院校实施现代学徒制利益驱动机制的问题

### 1. 教师的利益尚未全面保障

大部分职业院校虽在双导师的选拔、培养、考核、激励等方面进行了一定的实践，但仍需在提高薪资待遇、职级晋升等方面进行激励，进一步提高校企专业教师和企业师傅参与学徒制的积极性。在改革过程中，由于实行现代学徒制改革而减少了教师课时，导致其收入下降。由于现代学徒制改革尚且处于试点阶段，学徒班的学生只是学生群体的一小部分，学徒班的学生在毕业要求上和普通班学生要求是均等的，学徒班学生因为要在企业实践，与普通班的学习节奏难以达到同步，教师需要给普通班、学徒制班各自上同样的课，等于加大了教师工作量。除上述以外，现代学徒制改革中还要考虑学生的安全与心理健康，这也增加了教师在学生管理方面的工作量，由于学徒制学生往往分布在不同企业，因此教师管理难度也会更大。这些因素的存在导致一些负责本专业试点现代学徒制实施的专业负责人望而却步。

### 2. 学生参与现代学徒制的积极性还需要提高

校企虽在三方协议中确定了学徒的身份，明确了学徒的待遇，但在具体执行过程中存在一定偏差。需进一步加强过程管理，落实学徒权益保障。学生(学徒)参与现代学徒制的过程中，最为担心的事情就是职业前景不明，以及在企业中是否能真正所有所获。通过实地的访谈发现，一些学生(学徒)在企业的学习中并没有真正得到能力提升和知识的增进，学徒在企业的学习管理过程不够规范，缺乏十分明确的学习目标，甚至有的企业提出学徒要有必要的经济效益产生，这就导致很多学生(学徒)无法适应企业的节奏而选择退出。

## 三、试点行业企业实施现代学徒制利益驱动机制的现状与问题

### (一) 试点行业企业实施现代学徒制利益驱动机制的现状

#### 1. 统筹实践资源利用，实现共建共享共用

职业院校参与现代学徒制，主要是为了增强学校与行业企业之间的关联，提高人才培养的质量，进而提升院校自身社会影响力。统筹企业与院校的资源，通过共建实训基地等方式实现资源共享，如工程学院与SGS公司展开深度合作，SGS公司接受学生观摩、岗前培训、轮岗锻炼等实践教学环节安排，一年来试点班学生去企业培训学习3次。SGS公司提供设备、场地、人员等方面的支持，接受专业教师的参观、调研，培养"双师"队伍，工业分析技术专业教师在暑假期间已先后有两批教师去SGS公司进行为期一周的培训学习，并多次接受学校领导和专业教师的合作洽谈、调研等。另外，SGS公司优先将闲置、退役的适合教学的仪器、设备捐赠给学校用于教学；并且为鼓励学徒更好的学习，SGS公司为学徒提供了专项奖学金，每学年颁发一次。

#### 2. 校企合理分工，建立企校互利互惠的成本分担机制

在学徒制试点中，企业在人力和财力方面与学校建立了一定的成本分担机制，制定了校企资金管理、师傅管理、教师待遇以及学徒奖励等制度，明确在企校合作过程中资金投入及使用范围，设立专项资金用于学徒制班级学生各项日常开支。

#### 3. 建立校企合作长效机制，为企业建立人才基地

企业参与现代学徒制的主要动因是为了能够获得未来人力资源储备。以教师、师傅联合育人为支撑，与学校共建资源平台，校企双方共同制订学徒制班级的专业教学标准和岗位标准。根据职业岗位能力要求，确定企业与学校协同育人模式，即技能与素养一体、教学与工作一体、教师与师傅一体、学生与员工一体以及评价与考核一体。形成校企双主体长效育人机制，全面提升学生职业技能和素养，为企业不断输送技术技能人才。

（二）试点行业企业实施现代学徒制利益驱动机制存在的问题

### 1. 国家层面没有对企业参与校企合作的激励机制进行具体落实

国家层面没有对企业参与校企合作的激励机制进行扎实的落地；这影响了更多的企业在学徒制方面的各项投入，比如资金、场地、人员等。随着现代学徒制的推进，校企双方需要花费更多的时间、精力、经费来维持运行，开展现代学徒制的企业如果能享有一定的政府相关补贴政策，或者直接给予补贴，或者享有一些税收优惠，会大大提高企业参与现代学徒制的积极性。

### 2. 企业积极性有待提高

一方面，部分企业缺乏储备后备人才的战略意识，对于技能型人才重招用、轻培养，对学校的合作意愿、合作行为往往不能热情回应。另一方面，现代学徒制合作企业要为学徒安排一定数量的轮训岗位和带教师傅，一定程度上影响企业正常生产秩序，额外增加了人力、物力、财力的投入。除了部分资金实力雄厚、对应用技术型人才需求量大的行业领军企业外，广大中小企业对参与现代学徒制教育普遍"心有余而力不足"，缺乏高额、持续、稳定的投入。

### 3. 生源结构相对单一

尽管高职院校按照教育部《关于开展现代学徒制试点工作的意见》要求，"积极开展'招生即招工、入校即入厂、校企联合培养'的现代学徒制试点"，但从实际来看，高职院校的生源主要是高中毕业生和"三校生"，而在企业员工、转岗人员、农民工、退伍军人等方面的生源比较缺乏。

### 4. 学生因年轻而不愿吃苦

学生方面，因其年龄小、阅历尚浅薄，不能深刻地理解现代学徒制培养对他们的重要意义，在面对艰苦工作、困难任务的时候，学徒会有一些畏难情绪。

# 第二节　现代学徒制协调沟通机制的现状与问题

## 一、试点地区开展现代学徒制的协调沟通机制的现状与问题

（一）试点地区开展现代学徒制的协调沟通机制的现状

### 1. 搭建沟通交流平台

在开展现代学徒制过程中，企业和学校的跨界合作必然需要双方的沟通交流，例如双

方应承担的责任义务、合作运转的方式、利益与冲突问题的解决等，搭建沟通交流平台对于现代学徒制的具体运行实施有着重要的意义。

为了现代学徒制的顺利实施，各试点地区纷纷搭建平台，如A市积极搭建平台，通过组建职教集团、专业指导委员会，创建企业实训车间、技能大师工作室等平台助推现代学徒制试点工作。E市主要通过建立职教集团(联盟)联动机制，由职业院校牵头，整合政府部门、行业企业、高校和科研机构的资源，全市共组建了先进制造业、现代服务业、现代农业等10个职业教育集团(联盟)，建成省级职业教育产学研联合体4个、省级示范性职教集团1个和省级校企合作共同体2个。

相较于上述两个试点区域，Y市政府参与的程度更高。首先，Y市将职教集团秘书处设到Y市教育局职成教科，由职成教科科长任秘书长，相关行业主管部门责任科室负责同志任副秘书长，统筹谋划推动全市产教融合的系列工作，更好服务区域经济社会发展。其次，根据区域产业发展特点，调整重设了11个校企合作委员会，合作委员会由行业主管部门任主任单位，服务行业的高职二级学院和特色中职学校任副主任单位和秘书单位，其他职业院校相关专业和行业企业代表任成员，全局谋划区域内职业院校专业服务产业能力提升。集团秘书处的调整和校企合作委员会的优化，为全市深化校企合作，推动产教融合，探索现代学徒制区域试点搭建了区域统筹平台。

### 2. 建设沟通协商制度

沟通交流平台的设置是企业与院校进行跨界合作的第一步，为了保证长远有效的合作，需要建立制度化的沟通协商制度。如E市在成立沟通交流平台的基础上打造科学决策机制，设立试点工作专家咨询委员会和专业指导委员会，邀请省内外知名学者、职教专家、行业企业技术骨干对改革试点工作提供咨询和评估服务。

### (二) 试点地区实施现代学徒制协调沟通机制存在的问题

### 1. 政府统筹协调力度不够

政府统筹协调力度不够，政府、行业、企业、学校等尚未形成有效合力，协调各方参与试点工作难度较大，现代学徒制试点工作在不同的行业存在不同的实际问题，各方在征求意见中形成一致意见的难度较大。

### 2. 未能建立有效的协调沟通机制

试点区域现代学徒制的沟通协商尚停留在浅层次状态，没有建立制度化的协调沟通机制，缺乏对整个现代学徒制的长远规划和论证。

## 二、试点院校开展现代学徒制协调沟通机制的现状与问题

### (一) 试点院校开展现代学徒制协调沟通机制的现状

#### 1. 搭建校企联合管理平台，构建校企协同育人机制

为了保障试点工作顺利进行，试点院校大多由学校管理人员、专业教师及企业管理人员、带徒师傅共同成立了现代学徒制试点工作组。职业院校根据专业特点和合作企业实情，创新校企合作共建机制，构建校企分工合作协同育人的长效机制。如 H 学院与浙江西子航空工业有限公司合作共建的西子航空工业学院，实行"校企共同体"领导下的二级学院企业化管理模式，实行理事会建制。西子航空工业学院管理层分别由学校和企业共同组成，企业和学校领导组成理事会成员，企业相关负责人分别担任西子航空工业学院常务副院长、科室主任和教研室负责人。西子航空工业学院在理事会的直接领导下，实施"资源共享、人才共育、校企共管"三位一体的校企紧密型管理模式。强有力的组织领导保证了学校和企业能够及时共同解决学徒培养过程中遇到的问题，避免双方由于信息沟通不畅而引发矛盾、产生冲突。比如 G 学院建立现代学徒制"三会"组织机构(即专业建设委员会、师傅指教委员会和职业指导委员会)，创建"双元"专业化小组工作制，明确了各组工作内容。

#### 2. 创新校企合作机制，激发校企合作办学活力

校企良好的运行机制是实施现代学徒制的重要前提。应根据不同专业的特点制定不同的合作运行机制。比如 H 学院力推"企业主体、学校主导"的校企共同体合作育人机制，修改了《校企共同体合作办法》，在以"友嘉模式""达利现象"为代表的校企共同体基础上，深化和外延共同体内涵建设，形成了杭州动漫游戏学院的"政行企校"模式、特种设备学院的"行企校"模式、彩虹鱼康复护理学院的"企业托管"模式、安恒信息学院的"专企融合"模式等。

#### 3. 出台管理制度，保障现代学徒制持续性

根据现代学徒制培养特点和现实需要，积极探索适应和满足现代学徒培养要求的教学运行制度、质量监控制度、权益保障制度等。实现教学管理与企业管理对接、学校文化与企业文化对接，培养具有工匠精神的高素质技术技能人才。

### (二) 试点院校实施现代学徒制协调沟通机制存在的问题

#### 1. 长效的、顺畅的沟通机制还较少

在目前的现代学徒制的开展与实施过程中，随机的、即时应对的沟通交流较多。大部分高职院校同企业之间的合作交流机制还不健全，只有在校企合作运行出现问题时，双方才会

进行协商与沟通，双方缺乏对整个现代学徒制的长远规划和论证。特别是在"一对多"的合作过程中，高职院校往往有多个合作企业，要建立稳定的沟通交流平台和机制更是难上加难。

### 2. 校企合作的方式还比较单一

大部分中职学校的校企合作层次较低、合作的方式较为单一，导致了运行机制不够顺畅，校企在沟通协调层面很难达成一致的诉求。

## 三、试点行业企业实施现代学徒制协调沟通机制的现状与问题

### (一) 试点行业企业实施现代学徒制沟通协调机制的现状

#### 1. 搭建沟通交流平台

由行业、企业和学校三方共同参与构建现代学徒制的沟通交流平台。中国检验检疫学会与工程学院签署战略合作框架协议，并成立了由学会、常州出入境检验检疫局、学校三方共建的全国首个检验检测二级学院，打造产教融合实训平台。工程学院检验检测认证学院校外实训基地在常州检验检测认证产业园正式落户，为现代学徒班试点项目的实施提供扎实有力的校企合作平台，该平台能满足学院检验检测专业学生实验实训、顶岗实习和就业的需求。推动工程学院与 SGS 公司开展现代学徒制试点工作，学校和 SGS 公司作为现代学徒试点班的办学双主体，双方签订工业分析技术专业现代学徒制试点工作合作协议，明确双方的责任与义务，共同参与人才培养全过程。

#### 2. 建设沟通协商制度

通过校企共建现代学徒制试点工作领导小组、工作组来推进学徒制试点工作。九江明阳电路科技有限公司和九江职业技术学院共同组建现代学徒制试点工作领导小组和工作组，其中领导小组成员由企业负责人、学校领导以及企业和学校有关职能部门领导、二级学院院长组成。领导小组实行项目责任制，定期或不定期研究现代学徒制试点工作中出现的问题和困难，形成协调有力、快速高效的工作机制。工作组具体实施试点工作，负责制订现代学徒制试点工作章程，从入学门槛、学徒报酬、培训内容、结果评价、就业协议等方面，明确学校、企业和学生在人才培养过程中的权利和责任，校企双方共同制订招生政策，制订多方参与主办和评价的育人制度，促进产、学、研、用有效结合，使专业、行业、企业、教师、学生权责清晰。

### (二) 试点行业企业实施现代学徒制沟通协调机制存在的问题

#### 1. 合作平台缺少行业协会参与

企业与学校搭建的现代学徒制合作平台，缺乏代表企业整体利益的行业协会介入，会

导致校企之间的合作仍然停留于"点对点"的层面。这会导致由于单个企业所提供的学徒岗位极为有限，在合作过程中一旦遇到市场环境波动就会影响校企的继续合作。

### 2. 未能建立有效的协调沟通机制

试点企业与院校的沟通协商尚停留在浅层次状态，没有建立制度化的协调沟通机制，只有出现问题了再去解决问题，缺乏对整个现代学徒制的长远规划和论证。

# 第三节　现代学徒制课程开发机制的现状与问题

现代学徒制课程开发机制是指为了使学生(学徒)培养达到企业的人才需求，校企双方共同协商并确定学生(学徒)的学习内容，校企双方共同开发人才培养方案，实现学校和企业两个场域的理论教学与实践教学有机整合。

## 一、试点地区实施现代学徒制课程开发机制的现状与问题

### (一) 试点地区实施现代学徒制课程开发机制的现状

#### 1. 人才培养方案的开发与课程整合

为了确保后续课程与教学的深层次融合，企业和院校首先应就人才培养方案的开发进行合作。E市围绕现代产业发展需求，根据技术技能人才成长规律和工作岗位的实际需要，中职学校试点专业骨干教师和企业资深管理、技术人员在深入分析、研究岗位群及岗位胜任力的基础上，结合行业职业资格标准和企业岗位技术规范，共同商讨制定符合学校、企业、学徒实际的试点专业人才培养方案，明确试点专业人才培养数量、规格。

同时，E市在校企共同制定现代学徒制人才培养方案的基础上，整合了课程资源，校企共同确定试点专业课程体系，并制定核心课程标准，明确教学计划和轮训方案。实施"学校即工厂，教室即车间"的技能教学与实训策略，以"岗位实战"与"工艺必需"的技能要求与标准训练学生，增强学生技能学习的时效性、操作性，实现技能教学与真实工作岗位的零距离对接。

#### 2. 教师教学整合

E市实施双导师指导制度。在校学习期间，校企双方分别委派专业课教师和技术骨干承担教学工作，指导学生学习与实训；在企业实习期间，实施企业班组化管理，采用"一对多""一对一"的导师型实习模式，开展小组合作学习，增强学生的岗位胜任力。工学交替时，学校方的实习班班主任和企业管理人员协同做好实习学生的日常管理事务，尤其是

在职业素养教育、心理教育、安全教育、劳动纪律等方面进行过程监管。

Y 市从教师队伍管理层面，出台职业教育兼职教师标准，联合行业主管部门构建兼职教师师资库，充分利用企业能工巧匠的资源，共同参与人才培养，并对企业兼职教师参与人才培养给予政策支持，落实相关津贴制度。构建共享师资队伍，在职业院校"双师型"教师队伍建设的基础上，选拔吸纳一批企业能工巧匠参与学校教学和学徒指导，有针对性地对企业师傅开展教学能力培训，并创造条件安排学校教师进入企业挂职锻炼，通过双向人事交流制度构建推动师资队伍共享。

### (二) 试点地区实施现代学徒制课程开发机制存在的问题

#### 1. 缺乏整合以及整体规划与协调

当前学校和企业在现代学徒制课程方面缺乏整合，双方各自为政，表面上校企共同制定了人才培养方案，但是实际上企业往往是根据岗位任务的现实需要进行课程设置，而没有与学校课程进行整体的规划与协调。

#### 2. "双导师"队伍有待强化

中职学校高水平"双师型"教师较少，教师的实践能力仍有待进一步提升。此外，企业带教师傅大多未经过专门的教育教学训练，辅导学生的能力和水平有限，教学科研能力较弱，缺乏与企业进行技术和管理方面有效对接的能力，人才培养质量得不到有效保障。

## 二、试点院校实施现代学徒制课程开发机制的现状与问题

### (一) 试点院校实施现代学徒制课程开发机制的现状

#### 1. 校企共订招生招工一体化方案，实现招生招工一体化

大部分职业院校按照企业在基本素质、性别、年龄、性格、数量等方面的人力资源需求，明确学生(学徒)的培养模式、培养目标和学徒未来发展方向。同时，利用高考"单招"政策优势，将企业的用人标准纳入单独考试招生测试范围，制定评价标准，利用单招政策理论考核加上企业面试联合选拔学生，校企共同参与招生招工笔试的命题、标准答案确定、成绩评定，共同把关综合面试环节。采用招生招工一体化模式录取的考生将具有学生、学徒双重身份。

#### 2. 校企协同课程开发，实现课程开发一体化

基于专业教学标准和典型工作过程由校企共同开发专业课程体系。例如，H 学院与浙江西子航空工业有限公司联合开发现代学徒制专业课程体系，根据其企业人才培养目标，把现代学徒制课程体系分为四个模块：航空职业素质养成模块、制造类技术技能基础模

块、航空制造岗位群技术技能模块和学徒个人职业发展模块。该课程体系既满足了企业制造类技术技能人才的需求，又根据学徒的兴趣和职业取向，培养学徒具备可持续发展的能力。而且，整个课程体系在紧紧围绕学生个体生涯的可持续发展的基础上，进行了顶层设计。企业岗位的任务与专业课程对接，校企共同开发教学资源及教学教材。校企双方结合具体岗位任务和专业课程对应关系，明确岗位核心能力，企业师傅和学校老师根据课程标准共同设计教学资源库课程。

### (二) 试点院校实施现代学徒制协调沟通机制存在的问题

#### 1. 课程管理理念和方法落后

目前的现代学徒制课程管理，往往更加关注课中教学过程，而对课前的课程开发、课程实施方案、课程实施效果、课后的辅导及教学质量信息反馈和改进缺乏必要的重视。同时，由于受各地招生制度的限制，不能真正实现"招生即招工，入校即入厂"，一般采用的是"先招生后招工"的模式。

#### 2. 课程标准的层级定位不一致

国家对职业资格有多种定位，以汽车修理职业资格为例，包含初级工、中级工、高级工、技师、高级技师等五个层级的定位。我国职业院校的专业定位也有中级、高级工、预备技师等层级差别。但无论是国家课程标准还是职业院校的校本课程标准，对教学层级的定位往往采用学科深度层级加技能考核来综合确定。这种做法与职业能力由简单到复杂的水平要求相脱节，存在课程标准定位偏离的问题。

#### 3. 教师队伍能力不匹配

部分职业院校的课程往往是形式上的"能力课程"，其内核仍然是"学科课程"。其原因就是职业院校的教师队伍大多接受普通的专业教育，在能力结构上与职业教育的教学需求还不完全匹配。在教学时，不少教师也只会用学科的方式进行教学。

## 三、试点行业企业实施现代学徒制课程开发机制的现状与问题

### (一) 试点行业企业实施现代学徒制课程开发机制的现状

#### 1. 校企深入合作，共同完善人才培养制度和标准

院校和行业企业对人才培养有着不同的需求，因此需要在双方共同协商下，对接岗位要求，制定出符合各方要求的人才培养方案，确保学徒培养的质量。

试点检验检疫行业，由工程学院邀请检验检测行业、企业领导及资深专家参与检验检测人才培养方案研讨，制定检验检测现代学徒制试点班人才培养方案，确定"2 + 1"培养

模式，即 2 年校内课程学习，1 年企业岗位实践。以检验检测行业职业资格标准为依据，校企共同协商制定专业教学标准 1 份。按照新手→合格检验员→检验骨干→部门负责人→技术主管的职业成长阶段，明确目标岗位，开展工作任务分析，梳理归纳岗位关键任务，提炼关键任务所需的关键能力，根据关键能力匹配学习目标，从而架构了现代学徒制基于工作岗位和典型工作任务的课程体系，包括 14 门专业核心课程。

试点企业九江明阳电路科技有限公司与九江职业技术学院共同开展数控技术专业现代学徒制试点，依照现代学徒制人才培养要求、职业资格标准及公司岗位标准，九江明阳公司与九江职业技术学院多次开展研讨，校企共同制定了数控技术专业(现代学徒制试点)的教学标准，将人才培养标准与企业岗位标准进行对接，公司与学校联合制订出数控技术专业现代学徒制人才培养方案。围绕职业核心能力培养要求，采用企业任务、真实案例，开发出基于工作过程的核心课程，实行校企交替培养，双主体共同育人模式。

### 2. 校企共同开发核心课程，构建校企一体课程体系

在中国检验检疫学的统筹指导下，充分利用校企优势资源，企业和学校共同探讨、开发课程教学内容，编写课程标准 14 份，并根据校企资源优势与可行性，将专业核心课程划分为学校课程(9 门)、校企合作课程及企业课程(5 门)，学校课程主要由学校教师承担教学任务，校企合作课程由学校教师和企业师傅共同承担。除此以外，有职业入门与认知、岗前培训、轮岗锻炼等企业课程，主要由企业师傅承担教学工作，学生以准员工的身份在企业师傅的指导下进行岗位实践，真正实现工学交替、校企双主体育人。

长沙五十七度湘餐饮管理有限公司与学校一起构建"模块化、层次化、能力递进式"的课程体系，将课程规划设计成学校课程和企业课程两部分。在学徒制班级的 6 个学期中，安排第 1、2、3、5 学期在学校，第 4、6 学期在企业。将一部分企业岗位要求融入学校教学，并将学校教学内容延续到企业课程之中，使校企课程紧密衔接。以餐饮行业实际工作过程为导向，通过对岗位群典型工作任务和职业能力的分析，将企业文化、职业道德、岗位要求和素质教育融入课程内容中，构建了层次化、情境化的课程体系。同时根据学徒制岗位的要求，编写了 2 门"教学做一体"特色的校本教材及课程资源包。

### 3. 校企协商，打造校企互聘共用的师资团队

试点检验检疫行业、工程学院和 SGS 公司共同合作，打造校企合作的师资队伍。协商确定了企业师傅标准，制定了《校企双导师队伍建设实施方案》，建立健全学徒的"双导师"选拔、培养、考核方法，构建校企互聘互用的管理机制，打造专兼结合、校企互聘互用的师资队伍。按照人才培养方案要求，由正式聘请的 4 名企业导师共同完成校企合作课程及企业课程的教学工作，1 名企业专家作为产业教授，指导现代学徒试点班的课程教学和专业建设工作。建立企业教师工作站，校企共同制订现代学徒制双导师双向挂职锻炼方案，安排专业教师去出入境检验检疫局下厂实践一年，实践期间与企业进行技术交流与学习，参

与所在部门实践项目的研究。

　　试点企业九江明阳电路科技有限公司为充分调动公司员工参与现代学徒制的积极性，全面推动现代学徒制试点工作顺利实施，公司制订了《现代学徒制企业师傅管理办法》，明确了企业导师的聘任程序、工作职责、工作待遇、考核与奖惩等办法，并选派人事部门骨干担任企方班主任。学校选拔数控专业技能高的双师型教师作为现代学徒制班任课教师，由专业教师担任校方班主任。"现代学徒制"试点工作期间，公司和九江职业技术学院共同建设双导师教学团队。一方面，从九江明阳电路科技有限公司聘请在印制电路生产领域工作多年，具有较强实践能力的能工巧匠和企业负责人，给予教育教学理论的相关培训，并安排其承担现代学徒制的实践教学任务；另一方面，学校遴选数控技术专业优秀教师到企业培训，由企业培训师对学校教师开展技术技能教学的培训，成为"师傅"后回校承担现代学徒制的教学任务。

　　实施学校教师与企业能工巧匠、管理人员双向挂职锻炼机制，一方面提高师傅带徒弟的积极性及教学水平，另一方面提高专业教师的实践能力和科研水平。承担带徒任务的导师享受带徒津贴，标准由企业和职业院校自行确定，费用由导师所在单位承担。现代学徒制的课程课酬标准原则上高于学校内部标准，企业导师申报校内外教研教改、科研课题，享受校内老师申报课题的同等待遇；企业为其教研教改、科研创造条件，提供支持。企业导师享受校内导师进修、交流学习、培训等同等的机会和待遇，企业为其外出学习交流和培训等提供便利条件。企业导师具有校内评优、评先的资格，并享受学校教师同等的奖励，企业对获得奖励的企业导师给予企业岗位晋升的优先权。除享受学校、企业的奖励外，单列现代学徒制"双导师"团队评优评先项目，政策上给予高于学校同等奖励标准的奖励。

## (二) 试点行业企业实施现代学徒制课程开发机制存在的问题

### 1. 校企合作教学资源开发利用有待进一步深入

　　共同开发基于岗位工作任务、国家职业资格标准的专业教学内容和教材，是实现校企双主体育人的重要方式。当前主要校企合作主要是在人才培养方案、专业教学标准、课程标准等的制定上，具体的操作层面上还涉及不多，如课程教学设计、教学组织实施、校企共同编写教材、教学资源库建设等方面还不够深入，在接下来的校企合作中，需在这方面加大合作力度。

### 2. 校内"双师型"教师水平亟待提高

　　校内"双师型"教师水平较产业行业尖端生产、服务技术水平还有较大差距，专业教师仍缺乏在企业的工作经验，通过校企合作、共同培养高水平教师团队具有一定的难度。

### 3. 校企横向合作有待进一步开发

自现代学徒制试点工作实施以来,学校与企业之间的合作不断深入,推进速度明显加快,校企合作的广度与深度都有了很大的提高,尤其是校企导师互聘互用方面,体现在专业课程建设、企业师傅来学校上课、学校教师去企业挂职等方面。但是在校企共同开展技术研发、课题项目等方面有待进一步挖掘。横向课题是校企合作的内在实现形式之一,也是校企合作的重要内涵,合作开发横向课题可以发挥校企各自的优势并进行互补,这不仅提高了教师的科研水平,也使教师因丰富的实践经验从而提高其教学能力和职业素养。

# 第四节　现代学徒制质量保障机制的现状与问题

现代学徒制质量保障机制,是指参与现代学徒制的各个相关主体为了保障现代学徒制能够培养出行业企业所需要的人才,校企双方围绕人才培养质量要求,明确相关的责任主体,制定出相应的人才质量、考核标准,并且采取相应的质量保障措施,而开展的各个主体之间的协同。

## 一、试点地区实施现代学徒制质量保障机制的现状与问题

### (一) 试点地区实施现代学徒制质量保障机制的现状

#### 1. 标准制定机制

标准是质量建设的前提和基础,现代学徒制的质量保障机制建设的基础是制定标准,只有建立了可靠的质量标准,才能依照标准对学徒培养的质量进行监控和评价,从而保障学徒培养质量。各试点区域都注重建章立制,为试点工作提供有效保障。

(1) 共建招生招工一体化制度。A 市试点学校根据专业实际,制定联合招生(招工)方案,职业院校、企业与学生及监护人共同签订三方(四方)协议。Y 市从制度层面规范学生进入和退出机制,按照相关法律法规有效保障学徒权益,逐渐形成招生招工一体化规范制度。

(2) 积极推进标准建设。A 市逐步建立现代学徒制试点专业标准,包括企业标准、师傅标准、学徒标准、专业教学标准等,并根据现代学徒制"工学结合"的试点工作要求,完善学分制和弹性学制,校企共同制定和健全相关管理制度,例如教育教学管理制度、学徒培养管理办法、学生实习保险制度等,从而保障试点工作制度化和规范化。E 市先后制定了标准条件、相关协议、管理制度、考核制度、奖惩制度等 5 大类共 22 项制度,并不断修改完善,全面规范现代学徒制管理工作,实行学徒注册制度,建立学徒注册库。建立试点企业准入机制,关注企业的技术进步,遴选 180 家企业参与现代学徒制,其中 4 家企业被

市政府授予市"职业教育先进集体"称号。同时，建立健全毕业生跟踪调查与后续服务机制，以学校培训中心为依托，实施企业化培训、中高职衔接、技能提升培训等可持续发展计划，促进毕业生"终身学习"。

### 2. 考核评价机制

考核评价制度的建立是现代学徒制教育质量保障的底线。西方国家主要是通过行会主导的职业资格考试保障学徒培养质量，然而我国行会组织和功能不健全，学徒培养质量主要是由学校和企业共同来保障，几大试点区域尝试通过构建第三方考核评价机制来保障学徒培养质量。其中 A 市依托中华职业教育社职业技能鉴定站，探索建立第三方机构评价考核办法及考评员人才库，共有 73 位考评专家入库，负责组织岗位技能考评和职业资格证书考证相结合的考核；E 市同样构建了第三方考核评价机制，E 市教育局与市人社局每年组织现代学徒制岗位技能第三方考核，由职业技能鉴定中心、教研机构、行业企业、学校和家长代表组成考核团队，在企业实际工作岗位上进行技能抽测，并通过企业评价、岗位观察、学校考核、考试问卷、学徒互评等方式，将理论考核与实践操作考核相结合，提高学生的技术技能基础能力、岗位核心能力、岗位迁移能力。近三年第三方考核合格率达98.85%，有效保障了现代学徒制的人才培养质量。

### 3. 过程监督机制

现代学徒制质量保障机制需要有严格的过程监督机制做支撑。Y 市政府指导督促各试点单位围绕任务狠抓落实。市教育局委托职教研究机构组织专家对各学校现代学徒制试点工作进行专项检查督导，及时对各学校试点工作情况开展教学指导，以帮助学校按照时间节点有序推进试点任务落实。将阶段性总结进行常态化推进，通过构建 QQ 交流群，分阶段要求学校报送阶段性工作总结，推进试点学校和专业按照时间节点落实共性工作任务，同时及时掌握各学校试点工作推进进度。对试点工作中存在的问题进行总结梳理，及时寻求解决办法，不断推动试点工作任务的落实；问题导向举行试点工作专题教研活动，结合专业和试点阶段任务特点，分层次组织相关人员开展学徒制试点工作研讨活动。围绕专业试点工作中存在的具体问题，有针对性地通过研讨梳理思路，明确任务，确保试点工作不偏离目标方向。结合中期验收要求，通过专题汇报和集中研讨，及时掌握各专业试点工作进展，确定验收工作材料要求，明确下一阶段试点工作重点任务，以指导试点工作不断深化。

### (二) 试点地区实施现代学徒制质量保障机制存在的问题

### 1. 未能建立完善的质量标准体系

校企共同建立了现代学徒制的管理制度，但是对学徒、教学等方面标准的建立则较少，无法保障学徒培训的质量。

### 2. 缺少第三方考核评价机制

各个试点区域尝试建立第三方考核机制，但是仍处于初始阶段，学校和企业对学徒的考核还不健全，更多地采用了较为主观的评定方法。

### 3. 缺少过程监督机制

政府对现代学徒制的过程参与监督较少，只在中期考核等关键节点进行推进，而大多数校企双方未能建立联合日常监督机制。

## 二、试点院校实施现代学徒制质量保障机制的现状与问题

### (一) 试点院校实施现代学徒制质量保障机制的现状

#### 1. 共建质量标准与多方评价制度

校企双方共同制定企业学习学分认定制度、企业学分与学校课程学分互换制度、学生技能考证制度、技能竞赛制度、顶岗实习管理制度、企业学徒日常管理规定、毕业设计工作规范、校企师资结对制度等与现代学徒制的教学质量监控需要相配套的有关制度，规范教学质量监控与学徒评价过程。比如 G 学院将企业课程、企业实训、学徒实习、顶岗实习等统一纳入应用电子技术专业(博西学徒班)人才培养方案。与企业共同编制了"双标准"考核评价体系。H 学院电梯专业建立了"1334"评价体系，推行以保障电梯公共安全为准则的评价理念，企业、行业协会和学校三方依据各自培养目标及认定流程，按企业技能要求、行业素质评判、学校成绩考核三个维度进行考核评价。

#### 2. 共建质量评价信息反馈体系

及时收集教师、学生、用人单位、培养企业、社会等各方面的综合反馈信息，实现教育教学信息收集、传递和使用的规范化、动态化、共享化。

(1) 教师(师傅)信息收集。教师通过评学的方式，收集学徒制班学生的学习情况以及教师对教学管理的相关建议，并通过定期或不定期地到企业巡查，收集学徒在企业培养阶段的各项信息。企业师傅主要收集学生在企业的学习安排、实践技能考核、师傅指导情况和学生的在企表现等信息。教师和企业师傅共同构建教学、管理的沟通渠道和网络平台，保证信息畅通。

(2) 学生(学徒)信息收集。通过组建教学管理信息员队伍、学生评教、召开学生座谈会等途径，收集学生对学徒制的课程设置、课堂教学、日常管理、毕业设计等环节的建议；通过学生的企业学习周记，收集企业师傅对学徒的指导情况、学徒学习接受情况以及学徒对企业培养计划的相关建议等。

(3) 社会信息收集。主要是收集相关政府部门、用人单位、学生家长、社会媒体等信息，反馈学生核心素养、胜任能力、专业设置和市场适应性等信息，从而及时调整专业设置、人才培养方案。这些信息可以通过内部参考、工作例会、专题分析报告等形式，反馈到相关部门，从而对照质量标准进行误差修正，以此确保相关教学环节能够严格按照质量标准执行。

### 3. 共建教学质量评价持续改进机制

将收集的各类信息进行汇总、整理、分析，逐级反馈至学院(企业)教学管理部门、各系(部)、各专业及教师(师傅)本人，并对改进情况进行跟踪、督导、检查，以便学院(企业)教学管理部门、各系(部)、各专业及教师(师傅)本人，能及时掌握人才培养过程中的评价信息，了解社会需求和教育教学发展现状以及各自教学的实际情况，有针对性地对各个教学环节、教学内容、教学方式方法等做出修正、调整和改革，确保教学质量、教学水平的不断提高。校企共同参与，内外评价结合，教学信息及时掌握、及时反馈、及时改进，良性循环，形成"多元评价，持续改进"的教学质量评价机制，使教学质量评价工作系统化、规范化。

### (二) 试点院校实施现代学徒制质量保障机制的问题

#### 1. 缺乏课程质量保障机构

部分院校现代学徒制的教学质量监控由教务处兼任，而教务处是教学运行管理部门。教务处对校内考试的理论课程质量有监控指导，但对于实训类项目的监控能力和力度不足，难以客观公正地评价课程质量。部分管理人员的知识结构不全，能力水平不足，教学理念比较陈旧，未实质性地参与到学徒制教学过程中，不能准确地收集和研判教学中存在的问题。这些因素都会弱化课程质量控制功能。

#### 2. 缺乏规范的课程质量标准

现代学徒制的相关专业缺乏统一的教学标准，各学校各自为政，教学标准缺乏科学性、权威性。有些高职院校在现代学徒制试点办学过程中，专业标准没有经过科学的论证和校内外专家的集体讨论，甚至有的是专任教师在普通班的相关专业课程标准基础上稍加改动而形成的。

#### 3. 人才培养质量保障制度体系有待进一步完善

部分试点专业在学校(企业)、专业、课程、教师(师傅)、学生(学徒)等五个横向层面尚未建立起相对独立的质量自主保证机制，在决策指挥、质量生成、资源建设、支持服务、监督控制等五个纵向系统间还未形成相互协调配合的质量依存关系，构建全要素网络化的内部质量保证体系还有待进一步加强。

## 三、试点行业企业实施现代学徒制质量保障机制的现状与问题

### (一) 试点行业企业实施现代学徒制质量保障机制的现状

#### 1. 标准制定机制

(1) 推进招生招工一体化。九江明阳电路科技有限公司和机械工程学院协商，以实现学校招生与企业招工相结合为目标，以公开、公正和公平为准则，制定了招生招工一体化方案。方案中明确规定了招生(招工)组长及成员的组织保障。校企共同确定学徒制的招生规模，制作招生(招工)的宣传材料，让组织招生片区负责人参加学校现代学徒制试点项目招生政策的学习培训，同时面向学生做好招生宣传。在开学报到的时候，专门设置现代学徒制招生咨询台，由企业人事主管和干事亲自向学生和家长解释学徒制班的招生(工)政策，并且带领学生和家长参观企业车间及学校教学场所。同时，在开学初期，就要签订企业、学校、学生的《现代学徒制三方协议》，明确各方权益及学徒在岗培养的具体岗位、教学内容、权益保障措施等。

(2) 建设教学运行与管理机制。根据现代学徒制的特点，以制度建设为基础，全面加强过程管理工作。在招生或招工阶段，让考生了解国家和省有关现代学徒制试点的政策、报考与录取的有关要求和标准，入学后学习或工作的时间、生活条件等，明确企业和合作院校是保障学生(学徒)权益的责任主体。企业制定专门的学徒管理办法，合理安排学徒岗位和工作任务，培养期间按照国家和省有关规定，为学徒购买工伤保险和意外伤害保险等。在学徒岗位训练期间，按照劳动合同约定，由企业根据学徒的实际工作贡献支付不低于当地最低工资标准的基本工资。完善巡视和跟踪管理制度，实行分人分工段负责，开展定期不定期的管理考核。加强学生档案规范管理，尤其是加强劳动安全教育和监督检查，确保学徒制试点工作健康、安全和有序开展。

(3) 校企共同制订标准。公司与九江职业技术学院机械工程学院建立了以企业和行业专家与专业带头人组成的专业指导委员会，委员会成员下辖校企合作教学模块开发小组、教材开发小组、教学实施小组、考核评价小组等，在人才培养的入口、过程与出口均承担责任、落实培养工作。制订了"数控现代学徒制专业教学标准"，企业学校核心课程标准，包括"机械制图""印制电路基础"等5门课程标准，在分析现代学徒制班级学生企业实际岗位需求情况和数控专业学生必须具备的岗位能力要求基础上制订了"岗位标准""企业师傅标准""质量监控标准"等。

#### 2. 考核评价机制

企业和学校共同建立多元的教学质量评价体系。试点企业长沙五十七度湘餐饮管理有

限公司与湖南省商业技师学院合作，根据企业岗位要求、菜点质量评价标准，开发课程评价标准，构建以结果考核为主转变为过程考核与结果考核相结合，从态度、知识、能力等方面综合考核学生，将学生的团队协作能力、责任意识、安全意识等内容纳入过程考核。

### 3. 过程监督机制

企业和学校在现代学徒制运行过程中需要以严格的过程监督机制为保障。试点船舶工业行业，通过成立船舶工程技术专业现代学徒制试点工作组织机构，组建由协会、学校、企业共同参与的试点工作领导小组，设立试点工作办公室，成立质量监控小组，设立专项保障经费，保障现代学徒制的实施。

### (二) 试点行业企业实施现代学徒制质量保障机制存在的问题

### 1. 现代学徒制运行机制与相关实施方案有待进一步细化与具体化

现代学徒制试点工作开展一年来，已初步形成相关的文件、制度，但是由于实施时间较短，如学生现阶段主要以学校专业理论课程为主，企业长时间的岗位实践较少，涉及学生在企业期间的管理方法、考核实施办法等目前实践太少，部分细节考虑不周全，有待随着现代学徒制校企合作的深入进一步完善。

### 2. 标准体系的建立与规范化存在较大阻力

标准体系的建立与规范化，存在较大的阻力。例如由于江西省船舶企业区域较为分散，导致多家船舶企业难以同时参与现代学徒制试点。此情况对于标准体系的建立和规范化是极为不利的，难以做到全行业通用的标准体系。

# 第十一章

# 我国现代学徒制运行机制构建的路径优化策略

## 第一节　政府政策建议

发达国家现代学徒制的成功经验，源于政府法律保障与行业协调运作的作用。职业教育绝不只是一件教育内部的事，而是一项需要上级部门并由地方政府统筹协调推进的工作。

### 一、建立联席制度，打破各部门职业教育政策上的壁垒

职业教育办学类型特点有别于普通教育，政府应该牵好头，职业院校、行业企业共同参与，才能更好地提前为产业发展培养好所需的后备技术技能人才，为企业技术人才的继续教育提供保障。原有的"条块管理"体制，很难满足职业教育的跨界发展需要。地方政府应牵头成立统筹产教融合机构，把职业教育、职业院校的教育，包括教育机构、教育企业的教育，职业培训的教育、在线学习、自学、电子学习统一起来管理；在"国家资格框架"下把职业资格证书进行统一管理；同时，建立行业协会、职业院校、企业的合作信息公共服务平台，在平台上发布院校和企业的相关合作意愿等信息，并定期发布各行业、各企业岗位的人才就业情况、人才供给、人才需求及需求预测报告。

### 二、构建国家专业教学标准与认证体系，激发职业院校的办学活力

#### 1. 构建国家专业教学标准与认证体系

在试点中，很多学校缺乏明确的学徒培养依据，没有对学徒制的特性开展深度的探讨和构建，学徒培养与传统人才培养模式雷同。因此，为了保障学徒培养质量，需要对学徒的教学过程、培育成效进行规制，例如在具体内容上，要明确学徒培养周期、学徒培养规格以及企业培训的核心要求等关键内容。

#### 2. 畅通学徒升学路径

为了避免类似的由学徒制到高等教育的低渗透模式，切实为学徒提供更大的获得高等

教育资格的机会，有必要在制度层面对学徒升学考试规则进行约定。需要在制度层面上突破职业院校传统升学考试方法，将实践能力作为入学重要参照标准。同时，为学徒提供工伤保险、劳动权利等方面的全方位保障，完善学徒职业能力、学分评价相关考核制度。

### 3. 营造尊职重技的社会环境

加强职业教育宣传工作，大力弘扬工匠精神，营造良好社会氛围。提高技术技能人才经济待遇，提升高技能人才、大国工匠、各级技能大赛获奖选手的社会地位和待遇，切实对职业教育、对技术技能人才"高看一眼、厚爱一分"。通过开展"职业院校企业行""企业进校园""校企恳谈会"等活动，广泛搭建各类校企合作平台，鼓励行业企业参与技能大赛、"职业教育周"等活动，努力吸引行业企业等积极参与和支持职业教育事业，共同推动形成职业教育改革发展的强大合力。

## 三、实施积极干预行为，进一步保障参与企业的利益

现代学徒制是增进劳动力技能和使年轻人实现从学校到工作顺利过渡的一种有效途径，因此政府有充分的理由鼓励和推行现代学徒制。

要明确行业企业参与校企合作的主体地位。"职教 20 条"明确提出："发挥企业重要办学主体作用，鼓励有条件的企业特别是大企业举办高质量职业教育"，立足"企业侧"提出的推进产教融合等各项要求。要加快推进《职业教育法》的修订工作，进一步明确企业作为产教融合的主体，在推进"引企入教"改革、现代学徒制人才培养模式改革、生产性实训基地建设等方面的责任和义务。要强化行业组织的指导功能，各级行业主管部门要设立职业教育指导的分支机构，在行业人力资源预测、行业职业标准开发、职业技能鉴定、检查评估等方面进行统筹协调，在专业标准制订、课程开发、学生顶岗实习、共同培训专业教师、兼职教师聘用等方面对职业教育进行指导和帮助。

要细化行业企业参与校企合作的配套政策。"职教 20 条"指出"企业应当依法履行实施职业教育的义务""利用资金、技术、知识、设备和管理等要素参与校企合作"。明确了企业参与校企合作的方式以及企业参与职业教育的优惠政策，要让企业"有利可图"。要尽快制定参与职业教育的企业优先享有专项扶持、税收减免、人才倾斜等优惠政策。如企业设备投入经认定后，财政应给予适当比例配套。与此同时，可设立"国家工匠型双师"专项鼓励企业"能工巧匠"常驻学校。

# 第二节　院校办学建议

从本质上讲，职业教育是一种跨界属性十分明显的类型教育。要求其对外要开放，要

主动融入企业、产业乃至区域经济社会发展来办学，引进更多的人力、设备、技术等资源为我所用；对内要变革，要依据职教特点优化资源配置，提高决策效率，增强对外合作的吸引力。

## 一、深化教育教学改革，顺应现代学徒制人才培养模式的要求

"职教20条"启动"1+X"证书制度试点工作，以"产教更加融合、校企更加紧密"为导向，推动学校主动对接产业需求、专业主动对接职业岗位、课程主动对接技术进步。按照"岗位描述、任务分析、能力定位、课程固化"的原则，融入"1+X"证书内容，通过"1+X"证书制度试点推进，解决"教学脱离实际、专业脱离职业、学生脱离岗位"等难题，实现"零距离就业、可持续发展"的职业教育本质目标。

## 二、强化硬软件，夯实现代学徒制人才培养的基础保障

"双主体培养，双元管理"是现代学徒制的重要特点。一是职业院校需要通过充分的行业企业调研以及创新管理模式，制定出符合学生和学徒两种身份、专业理论学习与企业在岗实践高频率交替的管理制度，并且科学的制定学生和学徒评价体系、学习成果鉴定措施。二是需要进一步完善现代学徒制人才培养方案，重视对学生技能操作、核心素养、沟通能力、合作意识、工匠精神等多方面综合能力培养。三是加强"双师型"师资队伍建设，尤其是要提升职业院校教师的服务企业能力。因为在传统的教师培养过程中，职业院校的培训主要以提升教师的理论水平和科研能力为主，这不利于现代学徒制的推行。现代学徒制教育体系要求更多关注教师操作实践能力的提升，教师的实践教学能力需要与时俱进，这是教师指导学生、培养学生的客观要求，也是教师能够更好地服务合作企业的客观需要。职业院校要制定相应的奖励办法、职称聘任办法激励教师到企业在岗实践，增强对行业企业岗位实践能力的认知、技术技能的提升，切实提升教师自身的双师素质。四是紧密结合区域重点产业、新兴产业以及特色产业对技术技能人才需求情况，尤其是面向先进制造业等技术技能人才紧缺的产业领域，着力打造契合区域经济发展水平、产业结构特点的高水平产教融合型公共实训基地，为现代学徒制育训实践提供支撑。该基地为校企共建具有设备实战化、运行市场化、教学协同化的特点，功能兼具实践教学、企业员工培训、企业真实生产和社会技术服务。

## 三、创新内部治理，形成有利于现代学徒制开展的机制

高职院校现代学徒制运行机制的构建绝不能仅停留在院系和专业的层面，由于现代学徒制运行机制的探索实践是一项涉及人才培养模式变革的系统性工作，涉及人才培养方案

开发、教学组织管理模式变革、学生管理模式、评价体系等一系列工作，需要学校从整体发展战略的角度进行顶层规划设计，将学校顶层规划与各个二级学院和专业的实践探索创新紧密结合起来，一方面应该给各个二级学院和专业一定的探索创新空间，让其有足够的"大胆试错"空间，同时学校层面应该通过理念引领、平台搭建、环境创设为各个二级学院和专业的实践探索提供良好的环境氛围。

# 第三节　企业办学建议

人才培养、人才储备是企业可持续发展的根本。调动企业参与现代学徒制很大的一个引力就是通过现代学徒制培养企业真正需要的储备人才。

在参与现代学徒制中，企业需要增强主体意识，发挥其自身资源优势，承担育人功能。一是企业要落实企业师傅的遴选、能力培训、任务安排等学徒制实施需要的企方任务，完善相关激励机制，为担任学徒导师的师傅提供物质奖励、荣誉奖励、职业晋升机会等来激发企业师傅参与现代学徒制的积极性。二是在管理方面，企业还需要设置专门机构或安排专门人员与政府机构、高校开展学徒制工作对接。三是主动承担校企合作职责，把现有工作岗位任务进行教学化转化，开发和设计岗位任务并设置与课程内容对接的学习型岗位，主动参与职业院校的教学研讨、专业认证、课程开发、教学实施以及新形态教材开发等活动。

# 参 考 文 献

[1] 贝塔朗菲. 一般系统论[M]. 北京：清华大学出版社，1987.

[2] 贝塔朗菲. 普通系统论的历史和现状：科学学译文集[C]. 北京：科学出版社，1981.

[3] 陈洁梅. 澳大利亚职业教育 TAFE[J]. 外国中小学教育，2008，(01).

[4] 陈靖. 英国现代学徒制研究：基于利益相关者视角[D]. 杭州：杭州师范大学，2016：58.

[5] 陈圆. 美国注册学徒制的演进轨迹与最新举措[J]. 职业技术教育，2015，36(19).

[6] 高羽. 美国注册学徒制的历史演进、改革举措及启示[J]. 中国职业技术教育，2018，(21).

[7] 耿洁. 职业学校：企业潜在重要的利益相关者[J]. 中国职业技术教育，2010，21.

[8] 关晶，石伟平. 西方现代学徒制的特征及启示[J]. 职业技术教育. 2011(31).

[9] 关晶，石伟平. 现代学徒制之"现代性"辨析[J]. 职教论坛. 2015(01).

[10] 关晶. 西方学徒制的历史演变及思考[J]. 华东师范大学学报(教育科学版)，2010，28(01).

[11] 关晶. 西方学徒制研究：兼论对我国职业教育的借鉴[D]. 上海：华东师范大学，2010.

[12] 关晶. 英国和德国现代学徒制的比较研究：基于制度互补性的视角[J]. 华东师范大学学报(教育科学版)，2017，35(01).

[13] 关晶. 职业教育现代学徒制的比较与借鉴[M]. 湖南：湖南师范大学出版社，2016.

[14] 国务院. 国务院关于加快发展现代职业教育的决定[EB/OL]. http://www.scio.gov.cn/ztk/xwfb/2014/gxbjhzyjyggyfzqkxwfbh/xgbd31088/Document/1373573/1373573_1.htm.

[15] 姜大源，等. 当代世界职业教育发展趋势研究[M]. 北京：电子工业出版社，2013.

[16] 教育部. 教育部关于开展现代学徒制试点工作的意见[EB/OL]. http://www.moe.edu.cn/publicfiles/business/htmlfiles/moe/s7055/201409/174583.html.

[17] 教育部调研团，葛道凯. 美国生涯与技术教育调研报告[J]. 中国职业技术教育，2016，(01).

[18] 康托美杰 A. 美国 21 世纪学徒制[M]. 北京：中国劳动社会保障出版社，2016.

[19] 李梦玲. 中西现代学徒制比较研究：基于政府职责视角[J]. 职业技术教育，2015，36(07).

[20] 李玉静. 国际视域下我国学徒制的未来发展：德、英、澳、新学徒制发展的特点及对我国学徒制发展建议[J]. 职业技术教育，2015(21).

[21] 李愿. 试论现代系统论对整体与部分范畴的丰富和发展[J]. 中央民族大学学报(社会科学版)，1999.

[22] 刘栋. 学徒制教育传承瑞士钟表业精髓[N]. 人民日报，2014-09-11(022).

[23] 陆志慧. 澳大利亚新学徒制及对我国学徒制教育的启示[J]. 教育与职业，2017(6).

[24] 马俊涛. 澳大利亚新学徒制对我国职业教育集团化办学的启示[J]. 基础教育改革动态，2009，(6).

[25] 孟通通. 美国注册学徒制研究[D]. 石家庄：河北师范大学，2019.

[26] 彭跃刚，石伟平. 美国现代学徒制的历史演变、运行机制及经验启示：以注册学徒制为例[J]. 外国教育研究，2017，44(04).

[27] 王伟巍. 澳大利亚"新学徒制"改革研究[D]. 大连：辽宁师范大学，2014.

[28] 王星. 技能形成的社会建构：中国工厂师徒制变迁历程的社会学分析[M]. 北京：社会科学文献出版社，2014.

[29] 威廉姆森. 资本主义经济制度[M]. 北京：商务印书馆，2002.

[30] 吴学仕，伦凤兰. 英国现代学徒制发展因素分析及其启示[J]. 职教论坛，2015(12).

[31] 吴艳红. 英澳现代学徒制比较研究[D]. 南昌：东华理工大学，2013.

[32] 徐艺宣. 瑞士现代学徒制研究[D]. 大连：辽宁师范大学，2015.

[33] 薛栋. 美国学徒制发展战略的最新进展及其启示[J]. 职教论坛，2020，(01).

[34] 学校强制学生实习背后的利益链[EB/OL]. http://learning.sohu.com/s2014/xueshenggong/.

[35] 杨骁瑾，赵文静. 澳大利亚学徒激励计划改革研究[J]. 教育导刊，2011，(11).

[36] 叶鉴铭. 校企共赢 我们在路上：校企共同体实践研究[M]. 北京：光明日报出版社，2012.

[37] 邮政学徒培训改革动态[EB/OL]. https://www.post.ch/.

[38] 张建国. 论学徒制职业教育的制度蕴含[J]. 职业技术教育，2015(7).

[39] 张利庠，杨希. 企业参与校企合作职业教育影响因素的实证研究[J]. 中国职业技术教育，2008(33).

[40] 张倩. 中职学校校企合作运行机制研究[D]. 上海：华东师范大学，2012.

[41] 赵鹏飞，陈秀虎. "现代学徒制"的实践与思考[J]. 中国职业技术教育，2013(12).

[42] 赵志群，陈俊兰. 我国职业教育学徒制：历史、现状与展望[J]. 中国职业技术教育，2013(18).

[43] 赵志群. 职业教育的工学结合与现代学徒制[J]. 职教论坛，2009(36).

[44] 赵志群. 现代职业教育质量保障体系研究：现状与展望[J]. 西南大学学报(社会科学版)，2014，40(04).

[45] 左颜鹏，李娅玲. 澳大利亚现代学徒制的发展历程、成效与优势[J]. 职教论坛，2019(04).

[46] BILGINSOY C, SMITH E, GLOVER R W. Registered apprenticeship training in the US construction industry[J]. Education + Training, 2005, 47(4/5): 337-349.

[47] HILARY STEEDMAN. Apprenticeship in Europe: Fading' or Flourishing[R]. London: Centre for Economic Performance, 2005(12).

[48] KUEHN D. Registered Apprenticeship and Career Advancement for Low-Wage Service Workers[J]. Economic Development Quarterly, 2019: 134-150.

[49] LERMAN R, EYSTER L, CHAMBERS K. The Benefits and Challenges of Registered

Apprenticeship: The Sponsors' Perspective[J]. Urban Institute, 2009: 133.

[50] NEUCHATEL. Education Statistics 2013[EB/OL]. https://www. Education-stat. admin. ch, 2014

[51] Presidential Executive Order Expanding Apprenticeships in America[DB/OL]. [2017-06-15]. https://www.whitehouse.gov/presidential-actions/3245/.

[52] SMELSER N J. The sociology of economic life.[M]// The Sociology of economic life. Westview Press, 1992.

[53] STEEDMAN HILARY. Apprenticeshpi in Europe:'Fading'or Floerishing?[R]. London: Centre forEconomic Performance, 2005(12).

[54] TREMBLAV, NIANE-GABRIELLE&IRÉNE LEBOT. The German dual apprenticeship system analysis of its evolution and present challenges[R]. Montréal: télé-université, Université du Québec, 2003: 13.

[55] U.S. Department of labor issues industry-recognized apprenticeship program final rule[DB/OL]. [2020-03-10]. https://www.dol.gov/newsroom/releases/eta/eta20200310.